Franz-Josef Bode (Hrsg.)

Dein Herz lebe auf!

Franz-Josef Bode
(Hrsg.)

Dein Herz lebe auf!

Tröstende Bibeltexte erschlossen für schwere Zeiten

kba

1. Auflage 2020

Umschlaggestaltung: Matthias Bumiller, Finken & Bumiller, Stuttgart
Umschlagsmotiv: Nathalie Wolff, Paris
Satz: Matthias Bumiller, Finken & Bumiller, Stuttgart
Hersteller gemäß ProdSG:
Druck und Bindung: Finidr s.r.o., Lípová 1965, 737 01 Český Těšín,
Czech Republic
Verlag: Katholische Bibelanstalt GmbH, Deckerstr. 39, 70372 Stuttgart

ISBN 978-3-920609-93-5

Inhaltsverzeichnis

Vorwort des Herausgebers

Zurzeit ist es wirklich nicht leicht, aufrichtende und tröstende Worte zu finden, die nichts dramatisieren und nichts beschönigen. Die Coronakrise ist in aller Munde, und doch kommen einem angesichts von so unendlich viel Not, Krankheit und Tod – in der eigenen Familie und weltweit – Worte der Zuversicht nur schwer über die Lippen.
Worte gut geerdeter Hoffnung bieten uns die Schriften der Bibel. Sie beschreiben tiefe Erfahrungen der Menschen mit Gott durch die Jahrtausende und auch Erfahrungen Gottes mit seinen Menschen. Es sind durch Höhen und Tiefen des Lebens gereifte Worte, an denen wir uns in Gottesdienst und Besinnung orientieren können.
Da ist es ein besonderes Geschenk, dass viele deutsche Bischöfe in diesem Buch versuchen, tröstende Bibeltexte für die aktuell so herausfordernde Zeit und darüber hinaus zu erschließen. Wir wollen und dürfen nicht schweigen von der Hoffnung, die uns Christen erfüllt (vgl. 1 Petr 3,15). Mögen diese Texte vielen zu „Quelle und Brot in Wüstennot" werden, wie es im Lied heißt (GL 453).

Von Herzen danke ich meinen Mitbrüdern und dem Verlag für die zügige Bereitung dieses Buches.

BISCHOF FRANZ-JOSEF BODE
VORSITZENDER DER PASTORALKOMMISSION
DER DEUTSCHEN BISCHOFSKONFERENZ

Auf das Bleiben kommt es an

Bischof Dr. Stephan Ackermann

1 Ich bin der wahre Weinstock und mein Vater ist der Winzer.
2 Jede Rebe an mir, die keine Frucht bringt, schneidet er ab
und jede Rebe, die Frucht bringt, reinigt er, damit sie mehr
Frucht bringt. 3 Ihr seid schon rein kraft des Wortes, das ich
zu euch gesagt habe. 4 Bleibt in mir und ich bleibe in euch.
Wie die Rebe aus sich keine Frucht bringen kann, sondern
nur, wenn sie am Weinstock bleibt, so auch ihr, wenn ihr
nicht in mir bleibt. 5 Ich bin der Weinstock, ihr seid die Reben.
Wer in mir bleibt und in wem ich bleibe, der bringt reiche
Frucht; denn getrennt von mir könnt ihr nichts vollbringen.
6 Wer nicht in mir bleibt, wird wie die Rebe weggeworfen und
er verdorrt. Man sammelt die Reben, wirft sie ins Feuer und
sie verbrennen. 7 Wenn ihr in mir bleibt und meine Worte in
euch bleiben, dann bittet um alles, was ihr wollt: Ihr werdet
es erhalten. 8 Mein Vater wird dadurch verherrlicht, dass ihr
reiche Frucht bringt und meine Jünger werdet. 9 Wie mich der
Vater geliebt hat, so habe auch ich euch geliebt. Bleibt in mei-
ner Liebe! 10 Wenn ihr meine Gebote haltet, werdet ihr in
meiner Liebe bleiben, so wie ich die Gebote meines Vaters
gehalten habe und in seiner Liebe bleibe. 11 Dies habe ich euch
gesagt, damit meine Freude in euch ist und damit eure Freude
vollkommen wird. 12 Das ist mein Gebot, dass ihr einander
liebt, so wie ich euch geliebt habe. 13 Es gibt keine größere
Liebe, als wenn einer sein Leben für seine Freunde hingibt.
14 Ihr seid meine Freunde, wenn ihr tut, was ich euch auftrage.
15 Ich nenne euch nicht mehr Knechte; denn der Knecht weiß
nicht, was sein Herr tut. Vielmehr habe ich euch Freunde

genannt; denn ich habe euch alles mitgeteilt, was ich von meinem Vater gehört habe. 16 Nicht ihr habt mich erwählt, sondern ich habe euch erwählt und dazu bestimmt, dass ihr euch aufmacht und Frucht bringt und dass eure Frucht bleibt. Dann wird euch der Vater alles geben, um was ihr ihn in meinem Namen bittet. 17 Dies trage ich euch auf, dass ihr einander liebt. Joh 15,1–17

Schon oft habe ich über diese Verse meditiert, die mir über Jahre zum Teil dunkel und verschlossen vorkamen. Heute gehören gerade die eher sperrigen Passagen zu meinen Trostworten für schwere Zeiten.
Die Verse gehören zu den sogenannten Abschiedsreden Jesu im vierten Evangelium. Nach dem Zeugnis des Evangelisten spricht Jesus diese Worte im Abendmahlssaal nur wenige Stunden, bevor er aus dem eigenen Kreis verraten wird und seine Leidensgeschichte beginnt. Auch wenn der Text als solcher natürlich erst nach Ostern niedergelegt wurde und in ihn schon die Erfahrung eingeflossen ist, dass Jesus auferstanden ist und lebt, so atmen die Worte dennoch die Schwere der ursprünglichen Situation, die geprägt ist von den großen Themen Freundschaft, Liebe, Verrat, Abschied und Auftrag. Insofern eignet sich der Text unbedingt als biblischer „Notproviant" für schwere Stunden.
Aus den dichten Versen möchte ich nur drei Schlüsselworte herausgreifen, an die ich – manchmal unwillkürlich – immer wieder denken muss. Ich beginne am Schluss:

Nicht ihr habt mich erwählt, sondern ich habe euch erwählt … (Vers 16).

Diese Worte klingen aufs erste Hören nicht gerade wie ein wohltuendes Trostwort. Sie klingen autoritär und belehrend, gerade so, als ob Jesus an diesem letzten Abend seinen Jüngern noch einmal sagen wollte, wer der eigentliche Chef

ist. Gerade für uns Heutige, die wir in einer so freiheitsliebenden Welt leben, wirken die Worte Jesu befremdlich. Wir wollen nicht einfach das Vorbestimmte und Vorgestanzte wählen. Andererseits spüren wir, dass die Freiheit nicht selten umkippt; sie wird ein Zwang zum Wählen. Dann ist sie eine Belastung und wir erkennen: Ich werde nicht automatisch glücklicher, je mehr ich wählen darf. Nein, das tiefste Glück besteht darin, erwählt zu werden. Ob nicht die Depression vieler Zeitgenossen ihren Grund darin hat, dass sie sich zwar vor viele Wahlmöglichkeiten gestellt sehen, aber nicht erleben, dass sie erwählt werden, das heißt, dass jemand sich für sie interessiert und sie erwählt als Lebenspartner/-in, als Freund/-in, als Ratgeber/-in oder schlicht als Arbeitnehmer/-in ...
Wenn Jesus sagt: Nicht ihr habt mich erwählt, sondern ich habe euch erwählt, dann beschreibt er damit das eigentliche Glück eines jeden Jüngers, eines/-r jeden Getauften, letztlich eines jeden Menschen. Es besteht in der Erfahrung: Da ist einer, der mich sieht, der mich kennt, der mich will. Entspricht diese Schrittfolge, Gewählt-Werden – Selbst-Wählen, nicht auch der konkreten Geschichte unseres persönlichen Glaubens? Lange bevor wir uns bewusst für den Glauben entscheiden konnten, kamen der Glaube und die Botschaft und damit Jesus Christus selbst auf uns zu. Wann immer ein Mensch den Glauben wählt, ist diese Wahl letztlich „nur" Antwort und Reaktion auf Gottes Wahl.
Für mich haben die Worte Jesu deshalb etwas sehr Entlastendes, gerade auch in den Zeiten, in denen mich Zweifel befällt, ob die Botschaft des Glaubens tatsächlich so stark und so wahr ist, wie wir es mit der ganzen Kirche bekennen. Dann denke ich an Jesu Satz „Nicht ihr habt mich erwählt, sondern ich habe euch erwählt." Er sagt mir: Jesus selbst übernimmt die Verantwortung für die Wahrheit seiner

Worte. Ich habe mir sie nicht selbst ausgedacht. Sie sind nicht das Ergebnis meines Nachdenkens. Es sind seine Worte. Deshalb kann ich mich ihnen anvertrauen.
Bleibt noch die Frage, ob ich diese Worte überhaupt als Worte Jesu auf mich anwenden darf? Hat Jesus sie im Abendmahlssaal nicht zu den Zwölf, also zum engsten Jüngerkreis gesprochen? Was berechtigt dazu, diese Worte auf alle Christen hin auszudehnen? Es ist Jesus selbst. Erinnern wir uns nur, wie er den Menschen begegnet, mit denen er zusammentrifft. Er hat nicht nur einen Blick für diejenigen, die er in die unmittelbare Nachfolge berufen will. Er sieht voll Liebe auch diejenigen, die sich nicht trauen, sich ihm vorzustellen: Zachäus (Lk 19,1–6), die an Blutfluss erkrankte Frau (Mk 5,25–34), die Kinder, die nicht zu ihm vorgelassen werden (Mk 10,13–16), den Gelähmten, der die Hoffnung auf Heilung längst aufgegeben hat (Joh 5,2–8) ... Sie alle lässt er durch die Art, wie er mit ihnen umgeht, wissen: Du bist nicht irgendwer, sondern du bist eine geliebte Tochter, ein geliebter Sohn Gottes.

Jede Rebe an mir, die keine Frucht bringt, schneidet er [mein Vater, der Winzer,] ab und jede Rebe, die Frucht bringt, reinigt er, damit sie mehr Frucht bringt. (Vers 2)

Auch diese Sätze klingen herb und schmerzhaft, selbst für die Reben, die nach Jesu Verständnis Frucht bringen. Denn so gut es der Winzer auch mit dem Weinstock meinen mag: Reinigung heißt nicht Streicheln. Reinigung meint Bearbeitung, Hochbinden (nicht selten in eine Richtung, in die die Reben von selbst nicht wachsen würden) und Beschneiden. Damit ist der Schmerz offen angekündigt. Wundern wir uns also nicht, wenn uns der Glaube nicht vor Schmerz bewahrt, ja vielleicht sogar dazu führt, dass wir manches in unserem

Leben noch schmerzlicher wahrnehmen als Menschen, die nicht gläubig sind, oder solche, die sich über so manches in unserer Welt weniger Gedanken machen.
Ein Exerzitienbegleiter hat mir einmal die Anregung gegeben, die schmerzlichen, die schwierigen Phasen des Lebens als Phasen der Reinigung und des Wachstums zu sehen. Nach dieser Lesart wäre dann in Schwierigkeiten und im Schmerz Gottes harte, aber positive Botschaft enthalten: „Du bist kein toter, vertrockneter Zweig. Du bist lebendig. Mit dir kann ich etwas anfangen. Bei dir ist noch mehr drin! Deshalb reinige ich dich."
Gott, dem Winzer, und Jesus, dem Weinstock, geht es eben nicht darum, dass wir, die Reben, nur eine kurze Blütezeit erleben. „Ich will, dass ihr Frucht bringt und dass eure Frucht bleibt", sagt Jesus zu den Jüngern. Damit aus einer Blüte Frucht wächst, braucht es aber nicht nur Sonnentage. Es braucht auch die Kühle der Nacht. Es braucht Trockenheit und Regen. Reifung, auch menschliche Reifung, geschieht durch verschiedene Lebensumstände hindurch.
So verstehen wir die bildliche Rede. Sie gilt übrigens nicht nur für den Glauben. Sie gilt für das menschliche Leben insgesamt. Oder würden wir jemanden als einen reifen Menschen bezeichnen, von dem wir wüssten, dass er nie mit Schwierigkeiten zu kämpfen hatte, immer auf der Sonnenseite des Lebens gehen durfte, nie Zweifel empfunden hat, nie in menschliche Abgründe – eigene und fremde – geschaut hat, keine Angst kennt und keine Dunkelheiten ...?
Nur ein Leben, das durch Höhen und Tiefen hindurch gereift ist, wird Frucht bringen, und zwar die Frucht, von der Jesus spricht: Sie ist kein schneller, oberflächlicher Erfolg, sondern Frucht, die bleibt. Papst Benedikt XVI. hat in der Messe zur Papstwahl 2005 wunderbar ausgedrückt, worin diese Frucht konkret besteht: „Das einzige, was ewig bleibt, ist die

menschliche Seele, der von Gott für die Ewigkeit erschaffene Mensch. Die Frucht, die bleibt, ist daher das, was wir in die menschlichen Seelen gesät haben – die Liebe, die Erkenntnis; die Geste, die das Herz zu berühren vermag; das Wort, das die Seele der Freude des Herrn öffnet."

Bleibt in mir, und ich bleibe in euch. – Wer in mir bleibt und in wem ich bleibe, der bringt reiche Frucht. – Bleibt in meiner Liebe! (Vers 4.5.9)

In acht Versen spricht Jesus neunmal vom Bleiben! Wie ein Refrain zieht sich dieses Wort durch seine Rede hindurch. Immer wieder: Bleiben. Sooft ich den Text lese und meditiere, hat diese Aufforderung aus dem Mund Jesu auf mich eine beruhigende Wirkung. Denn sie klingt so wohltuend einfach: Der Herr fordert nicht zu irgendwelcher Aktivität auf, erst recht nicht zu irgendwelchen Großtaten. Ich muss nach seinem Willen nicht mehr tun als bleiben ...
Natürlich ist dieses Bleiben kein Synonym für Trägheit. Es ist auch kein Ausdruck von Sturheit oder Trotz („Jetzt bleibe ich erst recht!"), und es ist keine Ausrede für Unbeweglichkeit. Vielmehr meint dieses Bleiben ein Sich-Festmachen in, ein Sich-Festhalten an Jesus. Schon dieses bloße Bleiben kann Kraft kosten. In jedem Fall braucht es eine Entscheidung, manchmal in einem bewussten Akt. In der Regel aber meint das Bleiben die Treue in der Alltäglichkeit eines gläubigen Lebens.
Dabei hilft es, sich zu erinnern, dass Jesus nicht gesagt hat: „Bleibt in eurer Liebe zu mir!" Auch hat er nicht abstrakt gesagt: „Glaubt an die Macht der Liebe und bleibt in ihr!" Nein, er sagt: „Bleibt in meiner Liebe!" Mit anderen Worten: „Bleibt in der Liebe, die ich zu euch habe. Glaubt fest daran, dass diese Liebe da ist und dass sie gilt, auch wenn ihr es

momentan nicht spürt und es euch schwerfällt, daran zu glauben. Bleibt und glaubt, auch dann, wenn eure eigene Liebe schwankt, zu verschwinden droht oder erkaltet."

GEBET

Herr, du hast zu deinen Jüngern gesagt: Ich bin der Weinstock, ihr seid die Rebzweige.
Lass mich mit dir verbunden bleiben, damit du in mir bist und ich in dir.
Was auch geschehen mag, lass nicht zu, dass ich jemals von dir getrennt werde,
und bringe du in mir Frucht, die bleibt. Amen.

DR. STEPHAN ACKERMANN
BISCHOF VON TRIER

Dienen ist systemrelevant – das Beispiel Jesu

Bischof Dr. Georg Bätzing

1 Der HERR sprach zu Mose und Aaron im Land Ägypten:
2 Dieser Monat soll die Reihe eurer Monate eröffnen, er soll
euch als der Erste unter den Monaten des Jahres gelten. 3 Sagt
der ganzen Gemeinde Israel: Am Zehnten dieses Monats soll
jeder ein Lamm für seine Familie holen, ein Lamm für jedes
Haus. 4 Ist die Hausgemeinschaft für ein Lamm zu klein, so
nehme er es zusammen mit dem Nachbarn, der seinem Haus
am nächsten wohnt, nach der Anzahl der Personen. Bei der
Aufteilung des Lammes müsst ihr berücksichtigen, wie viel
der Einzelne essen kann. 5 Nur ein fehlerfreies, männliches,
einjähriges Lamm darf es sein, das Junge eines Schafes oder
einer Ziege müsst ihr nehmen. 6 Ihr sollt es bis zum vierzehn-
ten Tag dieses Monats aufbewahren. In der Abenddämme-
rung soll die ganze versammelte Gemeinde Israel es schlach-
ten. 7 Man nehme etwas von dem Blut und bestreiche damit
die beiden Türpfosten und den Türsturz an den Häusern, in
denen man es essen will. 8 Noch in der gleichen Nacht soll
man das Fleisch essen. Über dem Feuer gebraten und zusam-
men mit ungesäuertem Brot und Bitterkräutern soll man es
essen.
11 So aber sollt ihr es essen: eure Hüften gegürtet, Schuhe an
euren Füßen und euren Stab in eurer Hand. Esst es hastig! Es
ist ein Pessach für den HERRN. 12 In dieser Nacht gehe ich
durch das Land Ägypten und erschlage im Land Ägypten jede
Erstgeburt bei Mensch und Vieh. Über alle Götter Ägyptens
halte ich Gericht, ich, der HERR. 13 Das Blut an den Häusern,
in denen ihr wohnt, soll für euch ein Zeichen sein. Wenn ich

das Blut sehe, werde ich an euch vorübergehen und das ver-
nichtende Unheil wird euch nicht treffen, wenn ich das Land
Ägypten schlage. 14 Diesen Tag sollt ihr als Gedenktag bege-
hen. Feiert ihn als Fest für den HERRN! Für eure kommenden
Generationen wird es eine ewige Satzung sein, das Fest zu
feiern! Ex 12,1–8.11–14

1 Es war vor dem Paschafest. Jesus wusste, dass seine Stunde
gekommen war, um aus dieser Welt zum Vater hinüberzuge-
hen. Da er die Seinen liebte, die in der Welt waren, liebte er sie
bis zur Vollendung. 2 Es fand ein Mahl statt und der Teufel
hatte Judas, dem Sohn des Simon Iskariot, schon ins Herz
gegeben, ihn auszuliefern. 3 Jesus, der wusste, dass ihm der
Vater alles in die Hand gegeben hatte und dass er von Gott
gekommen war und zu Gott zurückkehrte, 4 stand vom Mahl
auf, legte sein Gewand ab und umgürtete sich mit einem Lei-
nentuch. 5 Dann goss er Wasser in eine Schüssel und begann,
den Jüngern die Füße zu waschen und mit dem Leinentuch
abzutrocknen, mit dem er umgürtet war. 6 Als er zu Simon
Petrus kam, sagte dieser zu ihm: Du, Herr, willst mir die Füße
waschen? 7 Jesus sagte zu ihm: Was ich tue, verstehst du jetzt
noch nicht; doch später wirst du es begreifen. 8 Petrus entgeg-
nete ihm: Niemals sollst du mir die Füße waschen! Jesus
erwiderte ihm: Wenn ich dich nicht wasche, hast du keinen
Anteil an mir. 9 Da sagte Simon Petrus zu ihm: Herr, dann
nicht nur meine Füße, sondern auch die Hände und das
Haupt. 10 Jesus sagte zu ihm: Wer vom Bad kommt, ist ganz
rein und braucht sich nur noch die Füße zu waschen. Auch ihr
seid rein, aber nicht alle. 11 Er wusste nämlich, wer ihn auslie-
fern würde; darum sagte er: Ihr seid nicht alle rein. 12 Als er
ihnen die Füße gewaschen, sein Gewand wieder angelegt und
Platz genommen hatte, sagte er zu ihnen: Begreift ihr, was ich

an euch getan habe? 13 Ihr sagt zu mir Meister und Herr und
ihr nennt mich mit Recht so; denn ich bin es. 14 Wenn nun ich,
der Herr und Meister, euch die Füße gewaschen habe, dann
müsst auch ihr einander die Füße waschen. 15 Ich habe euch
ein Beispiel gegeben, damit auch ihr so handelt, wie ich an
euch gehandelt habe. Joh 13,1–15

Jesus zieht sich mit seinen Freunden in die Hausgemeinschaft zurück. Noch heute feiern die jüdischen Familien Pessach zu Hause am Tisch. In diesem Jahr ging es am Gründonnerstag, an dem die hier herangezogenen Texte vorgesehen sind, vielen so. Zuhause bleiben. Da bekommt das Essen miteinander am Tisch Bedeutung. Den Tisch herrichten, für die Gaben danken, einander wahrnehmen und zuhören, Zeit haben. Das biblische Bild dieses Abends ist eine gewöhnliche Szene. Vor dem Essen Hände waschen, und in der jüdischen Kultur Füße waschen. Knechtsarbeit. Wer dient und wer bedient, das ist festgelegt, Statusfrage. Jesus verstört, denn er dreht die Verhältnisse um. Ein Beispiel, damit auch wir so handeln. Wer macht bei uns eigentlich die Drecksarbeit? Wer dient – und was verdient er und sie? Ganz neue Perspektiven tun sich in dieser Krisenzeit auf, wer und was die „systemrelevanten" Bereiche des gesellschaftlichen Lebens sind. Hoffentlich vergessen wir es nicht und verändern etwas im Bewerten von Dienst und Verdienst. Viele Menschen haben in den letzten Wochen die Gottesdienste zu Hause gefeiert: Hausgottesdienste im privaten Kreis oder Teilnahme an einem Gottesdienst dank der Technik. Über Wochen haben wir dieses Opfer gebracht. Wir verzichten auf einen Großteil unserer Freiheitsrechte, nicht zuletzt auf das Grundrecht einer freien Religionsausübung. Wir opfern zentrale Elemente einer freiheitlichen Gesellschaft – und nehmen die existentiellen, psychologischen, wirtschaftlichen und politischen Konsequenzen in Kauf, nein mehr noch: Wir übernehmen die Folgen der sozialen Abschottung solidarisch und wissen, dass dies unsere Gesellschaft einschneidend verändern und über einen längeren Zeitraum belasten wird. Und wir tun das, um Leben zu retten und vor allem die Schwachen und Verwundbaren zu schützen. Ehrlich gesagt hätte ich mir noch vor wenigen Monaten nicht träumen lassen, dass so etwas möglich ist; und dass die übergroße Mehrzahl der Bevölkerung dem innerlich zustimmt. Bei aller berechtigten Kritik an den harten Maßnahmen macht mich dieses Ausmaß an gelebter Solidarität dankbar und zuversichtlich.

In dieser so besonderen Situation passt die Erzählung des jüdischen Pessachfestes, das auch die Wurzel unseres christlichen Osterfestes bildet. In gehörigem zeitlichem Abstand reflektiert dieser Abschnitt aus dem Buch Exodus den geschichtlichen Ursprung dieses Festes als Übergang eines Volkes aus der Sklaverei in die Freiheit. Und der Abschnitt legt die Regeln fest, wie dieser Wendepunkt in der Geschichte Israels mit einer jährlichen Festfeier markiert werden soll. Ganz genau ist der Ursprung nach so langer Zeit nicht mehr zu fassen, aber die tragenden Elemente bleiben greifbar: Es geht um Leben und Tod, um Freiheit oder Untergang, Zukunft oder Verderben. Eine Krise ungekannten Ausmaßes herrscht in Ägypten. Viel später wird man sie aus der Perspektive des Gottesvolkes als Heil für Israel und Gericht über Ägypten deuten. Und das vollzieht sich im Vorüberschreiten des Herrn, im Pessach Gottes. Was in dieser existentiellen Krise offenbar hilft, ist die soziale Abschottung, jede Familie für sich, höchstens noch die nächsten Nachbarn dazu. Die Türen sind geschlossen. Opfer sind nötig. Etwas davon sieht man den Häusern äußerlich an. Die Haltung drinnen ist aufgewühlt, angespannt, ernst, nicht heiter oder gar fröhlich.

Wie sehr ähnelt das unserer jetzigen Ausnahmesituation. Das Gottesvolk Israel hat aus dieser Lage später einen Gedenktag kreiert und feiert ihn bis heute als ein Fest für den Herrn. Denn er hat sich als Freund des Lebens gezeigt, der den Tod nicht will. Das wird die grundlegende Erfahrung Israels bleiben, auch in den vielen kommenden Zumutungen der Geschichte.
Ob wir wohl auch einmal einen Gedenktag feiern werden, wenn wir diese weltweite Pandemie einigermaßen überstanden haben? Und ob wir Gläubige dieser Welt daraus ein Fest für Gott machen, weil wir ihn als Freund des Lebens erfahren haben?
Bis dahin müssen wir aber wohl noch eine Weile aushalten, bis die Krise zu Ende ist. Das Nachdenken wird einsetzen über alles, was sich ereignet hat. Wir werden fragen, welche Lehren wir aus dieser Zeit ziehen und was wir in Zukunft ändern wollen. Das aber braucht Zeit und Tiefgründigkeit und Ehrlichkeit, die jetzt noch nicht wirklich gelingen kann, weil sie mit demütigen Einsichten verbunden ist. Jetzt, in der Phase des Kampfes gegen ein ungehemmtes Vordringen des Virus ist das noch gar nicht möglich. Im Gegenteil erleben wir doch, wie sich Wissen und Erkenntnis jeden Tag vergrößern und wie sich vor allem die Herausforderungen mit jedem Tag verändern. Es zeigt sich, wie begrenzt wir Menschen mit all unseren Plänen, Forschungen und unseren Vorsorgen wirklich sind – und wie ausgesetzt den unbändigen Kräften der Natur, die als gute Schöpfung unsere Heimat und zugleich in ihrer Zwiespältigkeit die größte Bedrohung jenes kostbaren Gutes ist, das wir Leben nennen.
Niemand von uns weiß, wie es für sie und ihn persönlich ausgeht, ob wir ein gutes oder ein tragisches Ende nehmen werden. Mit allen Menschen teilen wir diese Ungewissheit und die Zumutung, diese Spannung auszuhalten und in posi-

tive Lebensenergie umzumünzen. Als gläubige Menschen wissen wir uns gehalten, und das gibt uns Kraft. Darum feiern wir Gottesdienste und begehen wir die christlichen Feiertage und brauchen sie gerade in dieser Ausnahmesituation. Denn so vergewissern wir uns: Letztlich trägt uns einer, der uns liebt, der nicht Kosten und Nutzen kühl kalkuliert und schon gar nicht willkürlich Schicksal spielt, sondern mit Herzblut bis zur Hingabe seines Lebens dafür einsteht, dass wir leben werden.

Hat Jesus gewusst, was ihn sein Einsatz aus Liebe kosten würde? Wenn das Johannesevangelium davon spricht, dass Jesus „wusste, dass seine Stunde gekommen war, um aus dieser Welt zum Vater hinüberzugehen" (Joh 13,1), dann bedeutet das: Ja, Jesus kannte den Preis seiner unbedingten Liebe zu uns. Er war bereit, das Opfer zu bringen, durch das bei diesem Übergang, bei diesem Pascha die Gotteserfahrung als eindeutig bestätigt würde: Gott ist ein Freund des Lebens, er will nicht den Tod. Aber dieses „Wissen" bedeutete keineswegs, dass es Jesus auch nur einen Deut leichter gefallen wäre als irgendjemand sonst, sein Leben zu riskieren im Einsatz für andere. Diese Bereitschaft des Herrn ist es, die wir dankbar, doch auch mit innerer Erschütterung bestaunen. So weit reicht seine Liebe. Jesus hat uns ein Beispiel gegeben. Darum sollten wir dankbar an all diejenigen denken, die sich so beispielhaft einsetzen an der Seite der Kranken und Schwachen und dabei viel riskieren. Ich finde, auch das ist staunenswert, ein Beispiel, damit auch wir so handeln, sagt Jesus.

Dr. Georg Bätzing
Bischof von Limburg
Vorsitzender der Deutschen
Bischofskonferenz

Wie gut, dass es diesen Thomas gibt

Bischof Dr. Franz-Josef Bode

19 Am Abend dieses ersten Tages der Woche, als die Jünger aus
Furcht vor den Juden bei verschlossenen Türen beisammen
waren, kam Jesus, trat in ihre Mitte und sagte zu ihnen: Friede
sei mit euch! 20 Nach diesen Worten zeigte er ihnen seine
Hände und seine Seite. Da freuten sich die Jünger, als sie den
Herrn sahen. 21 Jesus sagte noch einmal zu ihnen: Friede sei
mit euch! Wie mich der Vater gesandt hat, so sende ich euch.
22 Nachdem er das gesagt hatte, hauchte er sie an und sagte zu
ihnen: Empfangt den Heiligen Geist! 23 Denen ihr die Sünden
erlasst, denen sind sie erlassen; denen ihr sie behaltet, sind
sie behalten.

EINE WEITERE ERSCHEINUNG JESU UND DER GLAUBE DES THOMAS

24 Thomas, der Didymus genannt wurde, einer der Zwölf, war
nicht bei ihnen, als Jesus kam. 25 Die anderen Jünger sagten zu
ihm: Wir haben den Herrn gesehen. Er entgegnete ihnen:
Wenn ich nicht das Mal der Nägel an seinen Händen sehe und
wenn ich meinen Finger nicht in das Mal der Nägel und meine
Hand nicht in seine Seite lege, glaube ich nicht. 26 Acht Tage
darauf waren seine Jünger wieder drinnen versammelt und
Thomas war dabei. Da kam Jesus bei verschlossenen Türen,
trat in ihre Mitte und sagte: Friede sei mit euch! 27 Dann sagte
er zu Thomas: Streck deinen Finger hierher aus und sieh
meine Hände! Streck deine Hand aus und leg sie in meine

Seite und sei nicht ungläubig, sondern gläubig! 28 Thomas
antwortete und sagte zu ihm: Mein Herr und mein Gott!
29 Jesus sagte zu ihm: Weil du mich gesehen hast, glaubst du.
Selig sind, die nicht sehen und doch glauben. Joh 20,19–29

Am Abend dieses ersten Tages der Woche, als die Jünger aus Furcht vor den Juden bei verschlossenen Türen beisammen waren, kam Jesus, trat in ihre Mitte und sagte zu ihnen: Friede sei mit euch! Nach diesen Worten zeigte er ihnen seine Hände und seine Seite. Da freuten sich die Jünger, als sie den Herrn sahen. Jesus sagte noch einmal zu ihnen: Friede sei mit euch! Wie mich der Vater gesandt hat, so sende ich euch. Nachdem er das gesagt hatte, hauchte er sie an und sagte zu ihnen: Empfangt den Heiligen Geist! Denen ihr die Sünden erlasst, denen sind sie erlassen; denen ihr sie behaltet, sind sie behalten.

Bei verschlossenen Türen kam Jesus in ihre Mitte. Für den Auferstandenen gibt es keine räumlichen Grenzen. Gott sei Dank, denn so ist er auch in diesen Zeiten jederzeit in unserer Mitte und in unseren Herzen zu entdecken.
Seine erste Botschaft ist der Friede. Ein Friede, der nicht nur ein konfliktfrei-nettes Gefühl ist, sondern ein Friede, der aus Wunden und aus der Annahme von Kreuzwegen kommt. Er zeigt ihnen seine Wunden, und daran erkennen sie ihn. Sie freuen sich, dass sie ihn sehen.
Hier spricht einer auch uns Frieden zu, der Wunden und Schmerz, Leid und Tod kennt, der kein Phantast ist und kein Illusionär. Und gerade weil es so ist, wiederholt er: „Der Friede sei mit euch!“ Er weiß, wie schwer wir uns mit dem Frieden tun, vor allem dann, wenn die zusammenschwei-

ßende Angst, der Burgfrieden, wieder vorbei ist. – Alles wie im richtigen Leben.
Und dann geschieht etwas, das ich bei Firmungen oft das kleine Pfingsten nenne – ohne Sturm, Getöse, Sensation und wunderliche Verständigung. Hier geschieht Sendung des Geistes durch Nähe, durch Hauch, durch Auftrag zur Vergebung.
Geist-Sendung – viel alltäglicher als durch Sturm und Feuer, und doch nicht weniger Zusage an die kleine, verängstigte Schar, und doch nicht weniger Herausforderung zum Handeln und zur konkreten Vergebung: Wo ihr vergebt, da geschieht sie, wo ihr sie verweigert, da geschieht sie nicht – und es heilt nichts, möchte ich ergänzen.
Ostern und Pfingsten an einem Abend. Neues Leben ist neue Sendung. Auch heute in diesen Zeiten.
Lesen wir weiter das Evangelium:

Thomas, der Didymus genannt wurde, einer der Zwölf, war nicht bei ihnen, als Jesus kam. Die anderen Jünger sagten zu ihm: Wir haben den Herrn gesehen. Er entgegnete ihnen: Wenn ich nicht das Mal der Nägel an seinen Händen sehe und wenn ich meinen Finger nicht in das Mal der Nägel und meine Hand nicht in seine Seite lege, glaube ich nicht.

Wie immer im richtigen Leben: Einer hat mal wieder das Entscheidende verpasst. Thomas, der Nach-frager, der Nach-denkliche, der Skeptiker. „**Wir** haben den Herrn gesehen“ kann heißen: Wir haben ihn gesehen, und du warst nicht dabei. Das wäre die etwas arrogante, besserwisserische Variante: „Ja, wir! Aber du?“ Vorwurf und Geringschätzung stecken darin. Eine große Versuchung für alle, die sich ihrer Beziehung zu Jesus allzu sicher sind und die Skeptiker geringachten.

Es kann aber auch heißen: „Wir haben den **Herrn** gesehen und freuen uns. Er lebt! Freu dich mich uns! Er lebt!" Nichts von Vorwurf und Moral, sondern alles Zeugnis und Freude. So wünschen wir uns Kirche: „Wir haben den Herrn gesehen!", und nicht: „Wo warst du letzten Sonntag?"
Thomas aber will nicht nur hören, er will selbst sehen und berühren, ganz in der Linie, wie er auch sonst nachfragt und hinterfragt, „ein tastender Zweifler und ein bisschen wie ein Nachsitzer"[1]. Gut, dass es sie gibt, diese Leute wie Thomas, die sich nicht zu schnell zufrieden geben mit den Beteuerungen, ja vielleicht nur Behauptungen anderer, sondern die Glaubwürdigkeit der Zeugen auch noch einmal überprüfen. Wie sehr brauchen wir diesen Nachsitzer, diesen Skeptiker auch in unseren derzeitigen Krisen, die uns herausfordern, nicht zu schnell den Namen Gottes auf den Lippen zu führen, sondern die Fragen, das Suchen, die Zweifel der Menschen zuzulassen und sich ihnen wirklich zu stellen.

Acht Tage darauf waren seine Jünger wieder drinnen versammelt und Thomas war dabei. Da kam Jesus bei verschlossenen Türen, trat in ihre Mitte und sagte: Friede sei mit euch! Dann sagte er zu Thomas: Streck deinen Finger hierher aus und sieh meine Hände! Streck deine Hand aus und leg sie in meine Seite und sei nicht ungläubig, sondern gläubig! Thomas antwortete und sagte zu ihm: Mein Herr und mein Gott! Jesus sagte zu ihm: Weil du mich gesehen hast, glaubst du. Selig sind, die nicht sehen und doch glauben.

„Thomas, streck deine Hand aus und leg sie in meine Seite." Tausendfach ist diese innige Begegnung von Jesus und

1 Wolfgang Metz: Brannte uns nicht das Herz? Gedichte, Würzburg 2017, S. 53.

Thomas, diese berührende Beziehung in der Kunst dargestellt. Der gleiche Vorgang wie acht Tage vorher. Jesus kommt noch einmal. – „Noch einmal“ ist ein sehr österliches Wort. Jesus kommt immer noch einmal, weil die Apostel und wir alle so schwer begreifen.

Jetzt kommt er sozusagen extra für Thomas, den Nachsitzer. Und er lässt die Berührung zu, er lässt die Suche nach dem ‚Be-greifen‘ zu, er lässt sich berühren und anfassen, da er weiß, wie sehr die Menschen auf die Wahrnehmung mit allen Sinnen angewiesen sind. Wie sehr vermissen wir alle zur Zeit dieses spürbare Tasten, Berühren, Anfassen und Umarmen?!

Freilich bleibt er nicht dabei, denn Glaube ist mehr als Begreifen und Anfassen. Glaube ist mehr als Berühren mit den Händen. Er ist Berühren mit dem Herzen. Glaube ist mehr als Sehen mit den Augen des Leibes. Er ist Sehen mit den Augen des Herzens: eben Wahrnehmen in der Tiefe des Begriffes.

„Sei nicht ungläubig, sondern gläubig. Selig die nicht sehen und doch glauben.“ Was das bedeutet, lehrt uns diese Krisenzeit ganz besonders, in der uns das Berühren und Anfassen weithin genommen ist und in der das Vertrauen, die geistige und geistliche Dimension der Beziehung so not-wendig ist: ganz konkret in dem Nichtempfang der sakramentalen Kommunion, in der Verhinderung physischer Nähe und Gemeinschaft, aber auch in dem Nichtdurchblicken der gegenwärtigen Situation, die wir noch längst nicht begriffen haben, in der wir nicht überblicken, was das für uns alle bedeutet, welchen Sinn das alles hat. Und erst recht ist in der Tiefe nicht klar, was Gott uns darin zeigen will. Denn jede Wirklichkeit ist ein Anlass, neu nach dem Willen Gottes zu fragen. „Gott umarmt uns durch die Wirklichkeit“, sagen heutige geistliche Meister.

„Selig, die nicht sehen und doch glauben." Dieser Satz ist der Schlusssatz des ursprünglichen Johannesevangeliums. Jedenfalls spricht vieles dafür. Am Anfang des Johannesevangeliums stand die Einladung an die Jünger: „Kommt und seht." Die ersten Jünger sollten sehen und erfahren, wo Jesus wohnt, wie er lebt und wirkt. Am Ende steht die Vertiefung dieser Einladung. Denn auch wenn wir nicht sehen und durchblicken, wenn wir nicht alles klären und erklären, begreifen, deuten und definieren können, bleiben die innere Gewissheit des Glaubens, die begründete Hoffnung und die Wahrheit und Macht der Liebe.
Es bleibt eine Annäherung an die Wirklichkeit im Glauben. „Nicht durchschauen, einfach nur anschauen"[2], so beschreibt es der geistliche Dichter Andreas Knapp – und ich möchte ergänzen: nicht nur bitten, einfach nur anbeten wie Thomas: Mein Herr und mein Gott! – „So werden wir wirklich wir."
Gut, dass es diesen Thomas gibt!

DR. FRANZ-JOSEF BODE
BISCHOF VON OSNABRÜCK

---

2 Annäherung an die Wirklichkeit, in: Andreas Knapp: Weiter als der Horizont, Gedichte über alles hinaus, Würzburg 2002, S. 59.

Die Frage nach dem Sinn unseres Daseins

Erzbischof Stephan Burger

1 Danach offenbarte sich Jesus den Jüngern noch einmal, am
See von Tiberias, und er offenbarte sich in folgender Weise.
2 Simon Petrus, Thomas, genannt Didymus, Natanaël aus
Kana in Galiläa, die Söhne des Zebedäus und zwei andere von
seinen Jüngern waren zusammen. 3 Simon Petrus sagte zu
ihnen: Ich gehe fischen. Sie sagten zu ihm: Wir kommen auch
mit. Sie gingen hinaus und stiegen in das Boot. Aber in dieser
Nacht fingen sie nichts. 4 Als es schon Morgen wurde, stand
Jesus am Ufer. Doch die Jünger wussten nicht, dass es Jesus
war. 5 Jesus sagte zu ihnen: Meine Kinder, habt ihr keinen
Fisch zu essen? Sie antworteten ihm: Nein. 6 Er aber sagte zu
ihnen: Werft das Netz auf der rechten Seite des Bootes aus
und ihr werdet etwas finden. Sie warfen das Netz aus und
konnten es nicht wieder einholen, so voller Fische war es. 7 Da
sagte der Jünger, den Jesus liebte, zu Petrus: Es ist der Herr!
Als Simon Petrus hörte, dass es der Herr sei, gürtete er sich
das Obergewand um, weil er nackt war, und sprang in den
See. 8 Dann kamen die anderen Jünger mit dem Boot – sie
waren nämlich nicht weit vom Land entfernt, nur etwa zwei-
hundert Ellen – und zogen das Netz mit den Fischen hinter
sich her. 9 Als sie an Land gingen, sahen sie am Boden ein Koh-
lenfeuer und darauf Fisch und Brot liegen. 10 Jesus sagte zu
ihnen: Bringt von den Fischen, die ihr gerade gefangen habt!
11 Da stieg Simon Petrus ans Ufer und zog das Netz an Land. Es
war mit hundertdreiundfünfzig großen Fischen gefüllt, und
obwohl es so viele waren, zerriss das Netz nicht. 12 Jesus sagte
zu ihnen: Kommt her und esst! Keiner von den Jüngern wagte

ihn zu befragen: Wer bist du? Denn sie wussten, dass es der
Herr war.
13 Jesus trat heran, nahm das Brot und gab es ihnen,
ebenso den Fisch.
14 Dies war schon das dritte Mal, dass Jesus
sich den Jüngern offenbarte, seit er von den Toten auferstanden war. Joh 21,1–14

Ende März 2020 schrieb die italienische Schriftstellerin Francesca Medandri eine Botschaft an die Menschen in Deutschland. Medandri, die in Italien schon seit einigen Wochen mit den Folgen der Corona-Pandemie konfrontiert war, will die Menschen aus Deutschland auf das vorbereiten, was da noch kommen wird. „Ich schreibe euch aus Italien, also aus eurer Zukunft. [...] Ihr werdet ‚Die Pest' von Camus aus dem Regal ziehen, um dann festzustellen, dass ihr nicht wirklich Lust habt, das Buch zu lesen.", so Medandri. Und in der Tat war dieses Werk des algerischen Existenzialisten Albert Camus auch in Deutschland in den vergangenen Wochen oft vergriffen. Viele Menschen wollten sich insbesondere dieser Lektüre widmen. Ich habe mich gefragt, warum? Warum will man sich angesichts einer derart neuen und großen Herausforderung, wie der Corona-Pandemie noch zusätzlich mit dieser schweren Kost belasten? Natürlich liegt es nahe, dass man das eigene Erleben einer Pandemie mit vergangenen Epidemien und Pandemien vergleicht. Als Narrativ bietet sich da „Die Pest" sicherlich an. Aber die Suchbewegung hinter dem einfachen Vergleich gefährlicher Krankheiten ist meiner Ansicht nach eine andere, eine tiefere, eine zutiefst mit dem menschlichen Dasein verbundene. Und dieser hat sich der besagte Autor Camus in seinen Werken gewidmet. Es ist die Frage nach dem Sinn unseres Daseins. Wer bin ich und warum bin ich? Hat meine Existenz in dieser Welt einen Sinn? Wenn ja, wofür? Und hat das Leben an sich einen Sinn? Auf was gründet diese Welt

und worauf ist sie ausgerichtet? Welche Rolle habe ich in dieser Welt? Und gibt es diesen höheren Plan überhaupt, wenn alles Leben doch letztlich mit dem Tod endet?
Camus lässt Dr. Bernard Rieux, die Hauptfigur aus „Die Pest“ auf die Frage, ob es einen Sinn im Dasein gibt, mit einem klaren Nein beantworten. Für ihn ist die Realität des Todes der entscheidende Grund, warum das Dasein absurd ist: Vom Tod her gewinnt alles Tun und Handeln eine Sinnlosigkeit. Für Camus kann der Mensch trotzdem glücklich sein, weil er sein Leben aus diesem klaren Bewusstsein heraus selbst in die Hand nehmen und gestalten kann, ohne auf das Eingreifen einer guten Macht oder das Zulaufen auf ein „Happy End“ warten zu müssen.
Viele Gedanken, die Camus in seinen Werken entwickelt, kann ich gut nachvollziehen. Er blickt in die Tiefen und Dunkelheiten, in die Momente von Trauer und Verzweiflung, die jeder Mensch kennt. Da kann man schon manchmal am Sinn des Lebens zweifeln. Da kann man auch die Hoffnung verlieren.
Gerade aktuell, in den vergangenen Wochen und Monaten bis hinein in die Gegenwart, sehen wir uns mit genau dieser Situation und diesen Fragen konfrontiert. Wir greifen zu Werken, wie „Die Pest“, weil wir selbst diese Sinnfragen stellen. Da sind die Ärztinnen und Ärzte, die Pflegekräfte, die direkt mit der Krankheit Covid 19 und den Folgen konfrontiert werden. Sie sehen schwerkranke Menschen, sterbende Menschen, die sich nicht mehr verabschieden dürfen. Und sie kämpfen gegen diese Krankheit – manchmal mit Erfolg, manchmal bis zum Ende und ohne Erfolg. Da kommen die Fragen nach der Sinnhaftigkeit des eigenen Tuns auf. Da denkt man anders über die Existenz und den Wert des Lebens nach. Und da breitet sich manchmal auch Hoffnungslosigkeit aus. Gleichfalls sind da all die anderen

Menschen in dieser Gesellschaft, die sich mit den Folgen von Corona konfrontiert sehen: Angehörige, die einen lieben Menschen verlieren. Oder wenn der Beruf nicht mehr ausgeübt werden kann. Da bleiben Angst und Leere zurück. Wenn Kontaktverbote ausgerufen werden, machen sich Isolation und Einsamkeit breit. Wenn die Gestaltungsfreiheit über das Leben wegfällt, weil das gesellschaftliche Leben auf ein Minimum reduziert werden muss, schleicht sich irgendwann die Frage ein, welchen Sinn die eigene Existenz dann noch hat. Ist das noch Leben?
Während Camus die Fragen dahingehend obsolet macht, indem er dem Dasein generell die Sinnhaftigkeit abspricht und die Menschen damit aufruft, ihr Leben gerade trotz der Sinnlosigkeit so positiv und selbstmächtig wie möglich zu gestalten, möchte ich eine andere Lektüre und Perspektive anbieten. Gerade weil die Corona-Pandemie weltweit gezeigt hat, dass wir Menschen nicht unser Leben in der Hand haben, den Plan fürs Leben nicht eigenmächtig schmieden können.
Am Ende des Johannesevangeliums offenbart sich der Auferstandene am See von Tiberias nochmals seinen Jüngern (Joh 21,1–14). Diese Begegnung ist gleichermaßen eingebettet in die existentielle Erfahrung von Scheitern, von Tod und Verzweiflung. Die Jünger, die einst ihre Heimat für Jesus verlassen hatten, sind zurück in Tiberias. Hatten sie sich nicht einen größeren Sinn, eine Befreiung von der Hoffnungslosigkeit, der Angst, der Unterdrückung erhofft? War nicht all das Inhalt der Predigt Jesu? Ihre Hoffnung auf diesen Jesus ist geradezu zerschellt. Jesus, der den Sieg des Guten über das Böse, die Überwindung des Todes versprochen hatte, ist selbst dem Tod erlegen. Dieser allmächtige Vater Gott konnte offenbar nicht siegen, seinen Sohn nicht vor dem Tod bewahren. Oder schlimmer noch: War nicht

sogar der, der am Pfahl hängt, selbst von Gott verflucht? Welch größere Hoffnungslosigkeit kann es geben? Wie müssen sich die Jünger wohl gefühlt haben, nachdem dieser große Traum zerplatzt war? Das sinnhafte Fundament ihres Daseins wurde ihnen radikal entzogen. Aber sie scheinen sich, wiewohl stoisch und resigniert, dieser Absurdität zu fügen. Sie kehren zu ihrem Leben als Fischer zurück. Aber selbst diese Rückkehr hält weiteres Scheitern bereit. Die Jünger fallen nicht nur hin, sie fallen sogar noch tiefer als sie begonnen hatten. Nach ihrer Rückkehr vermögen sie nicht einmal mehr einen einzigen Fisch zu fangen. Und das, obwohl sie die ganze Nacht auf dem See verbracht hatten. Ihre Routine, ihr berufliches Können, alles vergeblich. Nicht einmal mehr für ihren Lebensunterhalt können sie sorgen. Frustration, Verzweiflung, Trauer, Einsamkeit, Hilflosigkeit und Sinnlosigkeit – dies müssen die Gefühle der Jünger an diesem frühen Morgen gewesen sein.

Und dann steht da einer am Ufer, noch unerkannt. Er fordert die Jünger auf, es noch einmal zu versuchen, das Netz erneut auszuwerfen. Eigentlich fordert Jesus hier ein absolut sinnloses Unterfangen. Am helllichten Tag sind im See keine Fische zu fangen, sie tauchen in die Tiefen ab. Aber aller Erfahrung zum Trotz, die Jünger folgen seinem Rat und das Unvorstellbare geschieht: Das Netz ist voller Fische.

Während man zunächst meinen könnte, hier von einer weiteren Wundergeschichte Jesu zu erfahren, sollte man einen zweiten Blick wagen. Es geht in dieser Begegnung weniger darum, dass Jesus die Gesetzmäßigkeiten auf dieser Welt aushebelt und das Unmögliche möglich macht. Es geht vielmehr darum, dass dieser Jesus mit seinem Erscheinen und Wirken die absolute Sinn- und Hoffnungslosigkeit mit Sinn und Hoffnung durchbricht.

In der Szene am See Genezareth weist er über eine banale Alltagssituation, den bleiernen Berufsalltag, zu dem seine Jünger nach dem großen Scheitern zurückgekehrt sind, hinaus. In diesem Durchbrechen der geradezu depressiven Verzweiflung durch ein „kleines Wunder“ gibt er einen Ausblick auf einen noch viel größeren Sinn, auf eine befreiende Hoffnung. Wenn Jesus es schafft, diese Hoffnungslosigkeit zu überwinden, gilt das dann nicht auch für die Sinnlosigkeit des Todes?
Auch die Jünger ahnen in dieser Szene, dass es sich um mehr handelt als um einen wunderbaren Fischfang. Denn der Jünger, den Jesus liebte, erkennt Jesus als den Auferstandenen, und begreift, dass dieses Wunder, das sie aus ihrer Verzweiflung herausholte, nur der Anfang, das Zeichen für etwas noch Größeres ist. Es ist das Zeichen für das verheißene Leben, für die zugesagte Erlösung aus allen stets wiederkehrenden Hoffnungs- und Sinnlosigkeiten. Der am Kreuz Getötete erweist sich als der, der dem Leben dient, erweist sich als lebendig! Gott erweist sich als Gott des Lebens!
Und diese Erfahrungen machen auch wir in unserem Leben, in unserem Alltag immer wieder. Da blitzt an grauen Tagen auf einmal Hoffnung durch. Da reißen uns Begegnungen und Gesten aus der Sinnlosigkeit. Auf trostlose Tage, in denen wir mutlos sind, folgen wegen kleiner Begebenheiten plötzlich Motivation, Kraft und Lebensfreude. Da sehen wir selbst in Krisen wie der jetzigen Pandemie, dass es neben Verzweiflung, Angst und Isolation sehr viel stärkere und positive Mächte gibt, weil Menschen auf einmal mehr Rücksicht nehmen, mehr Solidarität zeigen, einfühlsam reagieren oder sich liebevoll sorgen. Menschen sind auf einmal zu sehr viel Gutem fähig – über alle Eigeninteressen hinweg. Selbst in der gefühlt größten Absurdität, im Scheitern, gibt es diese

Erfahrungen, die uns ahnen lassen: Es gibt einen Sinn, es gibt das Gute, es gibt Gott, der unser Leben will, weit über unsere durchlittenen Nächte hinaus. Dafür steht der frühe Morgen, der über den irdischen Horizont hinausweist.
Und so würde ich Camus einerseits Recht geben mit seiner Behauptung, dass das Leben manchmal absurd ist, dass es beizeiten sinnlos erscheinen kann. Aber weil ich auch in den Situationen und Erfahrungen der Sinnlosigkeit immer wieder die kleinen göttlichen Zeichen erkenne, kann ich darauf hoffen, darauf vertrauen und daran glauben, dass es diesen Gott gibt, diesen Gott des Lebens und der Liebe, der uns zu sich ruft. Es ist dieser Gott, der der ganzen Welt, dem Dasein – auch in Krisen – einen Sinn zu geben vermag. Denn es ist dieser Gott, bei dem es letztendlich keine Verzweiflung, keine Hoffnungslosigkeit gibt, weil er sie überwindet. Und es ist dieser Gott, der uns befähigt und befreit hat, daran mitzuwirken. Wir müssen folglich nicht daran verzagen, dass wir immer wieder hinfallen. Vielmehr können wir uns einüben, die göttlichen Zeichen, die kleinen Hoffnungsmomente intensiver wahrzunehmen. Wir können im Vertrauen darauf, dass der Sinn in Gott begründet und bewahrt ist, immer wieder aufs Neue aufstehen und uns gegenseitig darin unterstützen. So geben wir der Welt selbst, auch in Corona-Krisenzeiten, jeden Tag ein wenig mehr Sinn, Freude und Leben.

STEPHAN BURGER
ERZBISCHOF VON FREIBURG

Der Herr ist nahe

Bischof Dr. Helmut Dieser

4 Freut euch im Herrn zu jeder Zeit! Noch einmal sage ich:
Freut euch! 5 Eure Güte werde allen Menschen bekannt. Der
Herr ist nahe. 6 Sorgt euch um nichts, sondern bringt in
jeder Lage betend und flehend eure Bitten mit Dank vor Gott!
7 Und der Friede Gottes, der alles Verstehen übersteigt, wird
eure Herzen und eure Gedanken in Christus Jesus bewahren. Phil 4,4–7

Schwestern und Brüder,
die Ausbreitung des Corona-Virus in unserer Gesellschaft durchläuft verschiedene Phasen. Damit meine ich nicht nur die biologische Weise, wie das Virus immer schneller von Mensch zu Mensch übertragen wird und zu Symptomen verschiedener Schwere führt. Ich meine auch die Maßnahmen, die die zuständigen medizinischen und staatlichen Stellen ergreifen. Sie ändern sich von Tag zu Tag, ja von Stunde zu Stunde.
Vor allem aber kommt es mir in meinem Schreiben an Sie auf die inneren Vollzüge an. Auch in unseren Seelen, in Herz und Verstand, durchlaufen wir verschiedene Phasen, wie wir auf die Gefahr reagieren. Zunächst wirkte alles eher weit weg und unwirklich auf viele Menschen. Andere reagierten schon weitaus früher mit Sorgen und Ängsten. Wieder andere erkannten bald, dass wir alle gewarnt werden müssen. Und am meisten haben die zu leiden und an den Einschränkungen und Ungewissheiten ihrer Situation zu tragen, die unter Quarantäne stehen oder selbst infiziert sind, die schon leichte oder gar schwere Krankheitssymptome entwickeln oder dies bei ihren Angehörigen erleben. Ich bitte darum, dass die, die momentan selbst eher wenig zu leiden haben, Verständnis und Mitsorge entwickeln für die, die tief verunsichert sind, sich weitreichende Sorgen machen und Angst haben!
Die meisten Menschen müssen durch die drastischen Einschränkungen des öffentlichen Lebens vor allem Anderen

zunächst einmal ihren Alltag ganz neu organisieren, weil die Kinder zu Hause sind, weil alte oder kranke Angehörige Hilfe brauchen oder weil ganz unerwartete Probleme auftauchen. Schließlich geraten nicht wenige Menschen auch in tiefe Existenznöte, weil ihre Einnahmen wegbrechen, ohne dass ihre finanziellen Verpflichtungen ausgesetzt wären.

Die Frauen und Männer, die als Ärzte, Pfleger und Forscher an vorderster Front von der Virus-Krise herausgefordert sind und reagieren müssen, und mit ihnen die politisch Verantwortlichen, stehen permanent unter einem wachsenden Druck, immer neu zu erwägen, ob sie das Richtige und Gebotene in angemessener Weise tun, um die Gefahren für uns Alle zu mindern und katastrophale Verhältnisse zu vermeiden.

Bevor ich in meinen Gedanken fortfahre, danke ich an dieser Stelle allen hoch engagierten Menschen in Medizin, Pflege, Forschung und sozialen Diensten, die derzeit durch ihren dauernden Einsatz bis an ihre Belastungsgrenzen gehen, unzähligen Einzelnen helfen und das Gemeinwohl für uns alle in dieser schweren Zeit sichern und erhalten! Mir bleibt nichts anderes, als ihnen zu sagen: Vergelt's Gott! Und lasst es uns ihnen vor allem danken mit unserem begleitenden Gebet!

Was, liebe Schwestern und Brüder, macht das alles mit unseren Seelen, so möchte ich fragen. Für uns in der Kirche ist es besonders schmerzhaft, dass wir uns zwischenzeitlich nicht zum Gebet und zur Feier des Gottesdienstes versammeln durften. Eine solche Situation hat es so noch nie gegeben, dass alle öffentlichen gemeinsam gefeierten Gottesdienste im ganzen Bistum, ja in unserem ganzen Land abgesagt werden mussten. Heute wissen wir nämlich, dass und wie eine Pandemie sich durch Übertragung von Mensch zu Mensch ausbreitet, was in vergangenen Zeiten völlig

unbekannt war und zu ungeheuren Steigerungen der Zahl von Erkrankten und Toten geführt hatte. In unserem Bistum und in allen anderen Ortskirchen ebenfalls, waren deshalb nach jetzigem Kenntnisstand unverzichtbare Regelungen vorübergehend in Kraft getreten, die auch die Versammlung zum Gottesdienst in unseren Kirchen untersagten. Ich danke allen, die sich an die Einhaltung dieser Regeln gehalten haben. Zugleich danke ich den Priestern, die besonders an den Sonntagen dennoch die Heilige Messe für die Gläubigen gefeiert haben. Sie mussten dies zwar ohne die versammelte Gemeinde tun, denn die Regelungen für unser Bistum erlaubten nur noch Zusammenkünfte von bis zu fünf Personen und nur in räumlichem Abstand zueinander. Und auch diese sollten nur dann stattfinden, wenn sie unverzichtbar waren. Die Kirche kennt und pflegt aber schon immer die Intention tiefer geistlicher Verbundenheit auch über räumliche Entfernungen hinweg. Im Bezug auf die Heilige Messe erinnere ich an den Gebetstext im Ersten Hochgebet: Gedenke deiner Diener und Dienerinnen N. N. (für die wir heute besonders beten) und aller, die hier versammelt sind. Herr, du kennst ihren Glauben und ihre Hingabe; für sie bringen wir dieses Opfer des Lobes dar, und sie selbst weihen es dir für sich und für alle, die ihnen verbunden sind, für ihre Erlösung und für ihre Hoffnung auf das unverlierbare Heil.
Auch in den anderen Hochgebeten öffnet sich der Horizont stets auch über die versammelte Gemeinde hinaus und bezieht Lebende und Tote ein. Diese Ausrichtung des kirchlichen Betens will sich immer auch auswirken darauf, dass wir einen herzlichen und freundlichen Umgang miteinander pflegen. Den aber brauchen wir gerade jetzt, in der Krise, die es uns unmöglich macht, zusammenzukommen umso mehr! Deshalb bitte ich Sie alle, nicht mit Rückzug und Kom-

munikationsabbruch auf die Krise zu reagieren, sondern ich rufe dazu auf, alles Mögliche zu tun, um den Zusammenhalt, das Gemeinschaftsgefühl und die Hilfsbereitschaft untereinander erfahrbar zu machen. Die technischen Möglichkeiten des Internets und der sozialen Medien bieten dafür zum Glück viele Wege. Wir Menschen sind kreativ. Die Krise darf uns auf ganz neue liebenswürdige Ideen füreinander bringen!

Besonders schmerzlich haben wir in unserer Kirche sicher in diesem Jahr 2020 den Verzicht auf die gottesdienstlichen Versammlungen an den österlichen Tagen durchleben müssen. Was macht das alles mit unseren Seelen? Ich möchte eine geistliche Antwort geben mit den Worten des Apostels Paulus an die Gemeinde in Philippi:

Freut euch im Herrn zu jeder Zeit! Noch einmal sage ich: Freut euch! Eure Güte werde allen Menschen bekannt. Der Herr ist nahe. Sorgt euch um nichts, sondern bringt in jeder Lage betend und flehend eure Bitten mit Dank vor Gott! Und der Friede Gottes, der alles Verstehen übersteigt, wird eure Herzen und eure Gedanken in Christus Jesus bewahren. (Phil 4,4–7)

Es kann uns nur tief berühren, dass der Apostel diese Worte findet, während er selbst in Gefangenschaft sitzt und in völliger Ungewissheit, ob er die Gemeinde in Philippi je noch einmal wiedersehen wird oder einem baldigen Todesurteil entgegengeht. Wie kann er da zweimal von der Freude reden, ja sogar dazu auffordern? Paulus empfindet tief, was er der Gemeinde zusagt: Der Herr ist nahe. Damit meint er: Jesus, der Herr, kennt meine Situation. Freiwillig ist er zum Gefangenen geworden. Hoffnungslosigkeit, Zynismus, Hass hat er erlitten. Er kennt die Todesangst. Doch Gott hat ihn durch alles, was unser Menschenleben bedrängt, gefährdet, zerstört, hindurchgeführt zur Auferstehung. Der Herr lebt,

und er teilt mit uns seinen Frieden von Gott, den wir nie ausschöpfen oder als erledigt ansehen können. Er geht weiter als jedes Begreifen. In jeder Lage ist daher eine innere Quelle für uns erreichbar, die alles verändert! Wer sie findet, spürt eine Freude, die sich ausbreiten kann und will. Das ist die Güte und Milde, die der Apostel aus dieser Quelle den Philippern zutraut: Lasst alle eure Mitmenschen spüren, dass ihr Hoffnung habt, seid nicht fanatisch und nicht hysterisch, tut das Richtige und Angemessene und am besten umsonst und gern! Stiftet Freude und tröstet eure Mitmenschen. Und tragt alles Drückende, Beißende, Engmachende in eurer Seele zu Gott und überlasst es ihm mit Dank für das Gute, das ihr von ihm schon kennengelernt habt. Denn der Friede Gottes ist größer als alles, und den dürft ihr in euch tragen im Herzen und in allen Gedanken.
Für uns, Schwestern und Brüder, für unsere derzeitige Lage in der Corona-Pandemie können daraus folgen:

- die Kraft, die ungewohnte Situation und ihre Belastungen in Ruhe und Zuversicht anzunehmen und damit ein Hilfsmittel gegen die Angst;
- Mut und kreative Ideen, wie wir uns trotz räumlicher Trennung nahe bleiben und uns gegenseitig helfen und erfreuen können;
- das tiefe Gespür, wie kostbar unser Glaube ist, vielleicht auch in der Gestalt der Sehnsucht, tiefer glauben zu können;
- das Gebet als Zuflucht zu erfahren, weil es unsere Situation verändert, uns tröstet, uns tief innerlich froh macht und froh erhält;
- je länger, je deutlicher zu erkennen, was im Leben wirklich wichtig und was leer und verzichtbar ist;
- den Wert der Gemeinschaft in der Familie und im Freundeskreis und die Bedeutung der Solidarität für die ganze

Gesellschaft tief zu empfinden und auch selbst wieder bewusster ein sozialer Mensch sein zu wollen;

- eine neue Gewissheit zu entdecken, wer ich bin, weil Gott in meinem Leben wirkt;
- nach innen zu gehen und Gottes Frieden neu zu kosten, weil der Herr nahe ist.

Ich schließe meinen Brief an Sie mit der Einladung zu gemeinsamen Gebeten und Fürbitten füreinander, besonders auch für die an Corona Erkrankten und die Verstorbenen: Die viele Zeit, die wir in unseren Wohnungen verbringen müssen, kann Anlass sein, sie auch mit einer neuen Gebetspraxis zu füllen. Dazu bieten sich besonders der Rosenkranz an oder das Jesus-Gebet im Rhythmus des Atems, aber auch die Litaneien und die Kreuzwegandacht, die wir im Gesang- und Gebetbuch Gotteslob finden (vgl. GL 556–569; GL 683–684), und nicht zuletzt die persönliche meditative Lesung der Heiligen Schrift, die uns ins Beten führt, wozu wir im Gotteslob ebenfalls Anregungen finden (vgl. GL 1,1–4).

Liebe Schwestern und Brüder, haben wir in dieser außergewöhnlichen Situation viel Geduld und Wohlwollen füreinander, vermeiden wir Streit und Eifersucht und zeigen wir vielen Menschen die Güte und Milde, die wir bei unserem Gott finden! Der Herr ist nahe! So wird der Friede Gottes größer in uns sein, als wir erahnen oder begreifen können. Dazu segne Sie alle der dreifaltige Gott, der Vater + und der Sohn und der Heilige Geist.

DR. HELMUT DIESER
BISCHOF VON AACHEN
HIRTENBRIEF ZUR CORONA-PANDEMIE
FRÜHJAHR 2020

Wachet und betet

BISCHOF DR. GERHARD FEIGE

Wacht und betet. Mt 26,41

Die gegenwärtige Krise – durch das Corona-Virus ausgelöst – ist ein dramatischer Einschnitt in unser gesellschaftliches Leben, den sich vor einiger Zeit kaum jemand hätte vorstellen können. Maßnahmen sind erforderlich geworden, von denen inzwischen jede und jeder betroffen ist. Der Alltag musste und muss neu organisiert werden. Viele kommen an die Grenzen ihrer Kräfte, haben Not mit der auferlegten Einsamkeit und müssen um ihre wirtschaftliche Existenz fürchten. Schmerzhaft wird uns bewusst, dass wir nicht alles im Griff haben und sehr verwundbar und verletzlich sind. Was bislang normal und selbstverständlich schien, gilt nicht mehr.

So war es uns dieses Jahr sogar in den Kar- und Ostertagen – bei den wichtigsten und eindrücklichsten Liturgien des ganzen Kirchenjahres – verwehrt, uns gemeinschaftlich zu versammeln, um Gott die Ehre zu geben, seine Heilstaten zu feiern und daraus Kraft und Zuversicht zu schöpfen. Das macht traurig und tut weh.

Ja, unsere Situation ist eine Zumutung und belastet viele. Ich gestehe, mich selbst manchmal zu fragen, warum Gott uns wohl so herausfordert. Zugleich vertraue ich darauf, dass er uns nicht wirklich verlässt, sondern immer und überall – auch in aussichtslos erscheinenden Situationen – nahe ist.

Bei Jesus bleiben und mit ihm wachen

Was Vertrauen in seiner radikalsten Form bedeuten kann, wird uns durch das Geschehen am Gründonnerstag vor Augen geführt. Nach dem Mahl, das Jesus mit seinen Jüngern gefeiert hat, kommt es zu der ergreifenden Szene im Garten Getsemani. Jesus wird – wie es im Matthäusevangelium heißt (Mt 26,37) – von Angst und Traurigkeit ergriffen. Meine „Seele ist zu Tode betrübt", sagt er zu seinen Jüngern und bittet sie deshalb: „Bleibt hier und wacht mit mir" (Mt 26,38). Jesus ist freiwillig in diese Angst, Einsamkeit und Verlassenheit hineingegangen. Ja, Gott selbst ist es, der in Jesus Christus dieses Schicksal durchleidet. „Gott bückt sich", steht auf einem Fenster im Treppenhaus des Magdeburger Roncalli-Hauses, einer Bildungs- und Begegnungsstätte unseres Bistums, gestaltet von der Künstlerin Benita Joswig, die mit 47 Jahren an Krebs gestorben ist. Er geht freiwillig in die Niedrigkeit und in das Scheitern.

In solchen Erfahrungen der Einsamkeit und der Todesangst bittet Jesus auch uns, bei ihm zu bleiben und standzuhalten. „Lauft nicht weg", so ruft er uns aus dem Garten Getsemani zu. Bleibt hier, an diesem Ort, unter diesen Bedingungen, wie sie jetzt sind. Lauft auch innerlich nicht weg, indem ihr die Not und den Schmerz durch Ablenkungen und durch Kompensationen aller Art zu betäuben versucht. Widersteht der Verzweiflung, haltet mit mir stand!

Manchmal kann dieses Dableiben bei Jesus – wie zum Beispiel für Teresa von Avila – zu einer einschneidenden Erfahrung werden. Indem sie auf sein Leiden schaute, haben sich ihre eigenen Nöte verwandelt, und sie gewann eine neue Perspektive für ihren Weg.

Mit Jesus beten

Und ein weiteres: Jesus bittet uns auch, zusammen mit ihm zu beten. Wir dürfen uns gerade mit dem, was uns derzeit Angst macht, was dunkel ist, woran wir leiden, vor Gott bringen. Seitdem Jesus in die Abgründe des Todes hinabgestiegen ist, ist Gott in jedem Bereich unserer Seele gegenwärtig. „Wir sprechen die Ängste aus wie Jesus am Ölberg, wir schreien sie hinaus wie Jesus am Kreuz. Keiner muss tapferer sein als der Herr selbst ... Beten heißt manchmal, innerlich durchs Fegefeuer, ja durch die Hölle gehen, unsere Verlorenheit aushalten in der Hoffnung wider alle Hoffnung, dass da einer mit uns ist. Jesus teilt am Karsamstag gerade diese dunklen Erfahrungen mit uns“ (Karl Kern SJ)[3]. Er nimmt uns an der Hand und wendet sich zusammen mit uns an Gott. Wir sind deshalb in unserem Beten nicht allein.

Den Gott des Trostes anstatt die Tröstungen Gottes suchen

In diesem Vertrauen wird uns vielleicht geschenkt – wie Teresa von Avila einmal sagte –, „den Gott des Trostes zu suchen anstatt die Tröstungen Gottes“[4]. Der Gott des Trostes: das ist der Funke von Licht, der mitten in der Dunkelheit aufleuchtet und das Herz weit macht; das ist der Friede, der stärker ist als die Angst und die Sorge um uns selbst, um andere Menschen und um unsere Kirche. Der Gott des Trostes hilft uns, in der Hoffnung nicht nachzulassen. Er hilft uns, unsere Situation nicht nur aus der Perspektive von Gründonnerstag, Karfreitag und Karsamstag zu sehen, sondern mit den Augen von Ostern.

---

3 Karl Kern SJ: Abgestiegen zu der Hölle, Impulsvortrag zur Karwoche 2015 in St. Michael, München.

4 Teresa von Avila: Weg der Vollkommenheit, München 1983, S. 175–178.

Dann geschieht es vielleicht auch, dass wir das, was uns derzeit zugemutet wird, nicht nur passiv erleiden, sondern von Gott die Kraft geschenkt bekommen, in aller Not gelassen und hoffnungsvoll zu bleiben. Dann erkennen wir vielleicht auch in so Vielem, was zur Zeit an Gutem geschieht, die Gegenwart Gottes: in den kreativen Ideen, Leben und Glauben miteinander zu teilen und trotz äußerer Abstandsregeln einander nah zu bleiben; im Bemühen, aufeinander zu achten und Rücksicht zu nehmen; im unermüdlichen Einsatz all derer, die jetzt dafür sorgen, dass das Leben weitergehen kann – oft unter der Gefahr für sie selbst. In alldem scheint für mich etwas von der Dynamik der Auferstehung auf, die mit Christus begonnen hat und die sich seitdem unaufhaltsam durchsetzt – durch Dunkelheit und Tod hindurch.
Sicher, vieles erscheint uns noch unbegreiflich; das Leid unzähliger Menschen hier in unserem Land, aber auch in den Flüchtlingslagern und in den Slums so vieler Großstädte schreit zum Himmel. Es ist uns aber zugesagt, dass es keinen Ort mehr gibt, an dem Gott nicht wäre. Es ist uns zugesagt, dass es zwar den Tod noch gibt, aber dass er nur noch das vorletzte Wort hat. Das letzte Wort hat Gott, und dieses Wort heißt Leben.
In diesem Sinn stimme ich in die Fürbitte ein, die dieses Jahr den Karfreitagsbitten hinzugefügt wurde:

GEBET

Lasst uns auch beten für alle Menschen, die in diesen Wochen schwer erkrankt sind; für alle, die in Angst leben und füreinander Sorge tragen; für alle, die sich in Medizin und Pflege um kranke Menschen kümmern; für die Forschenden, die nach Schutz und Heilmitteln suchen, und für alle, die Entscheidungen treffen müssen und im Einsatz sind für die Gesellschaft, aber auch für die vielen, die der Tod aus dem Leben gerissen hat.
Allmächtiger, ewiger Gott, du bist uns Zuflucht und Stärke; viele Generationen haben dich als mächtig erfahren, als Helfer in allen Nöten. Steh allen bei, die von dieser Krise betroffen sind, und stärke in uns den Glauben, dass du alle Menschen in deinen guten Händen hältst. Die Verstorbenen aber nimm auf in dein Reich, wo sie bei dir geborgen sind. Darum bitten wir durch Christus unseren Herrn. Amen.

DR. GERHARD FEIGE
BISCHOF VON MAGDEBURG

Siehe, ich bin mit euch alle Tage bis zum Ende der Welt

Bischof Dr. Gebhard Fürst

Und siehe, ich bin mit euch alle Tage bis zum Ende der Welt.

Mt 28,20b

Wir befinden uns inmitten einer beispiellos schwierigen Zeit. In den vergangenen Wochen mussten wir fast hilflos mitansehen, wie sich ein bisher unbekanntes Virus über die Erde verbreitet, sich zunehmend unseres Lebens bemächtigt und unser gesamtes gesellschaftliches System aushebelt. Buchstäblich still stand die Welt in den letzten Wochen. Straßen, Plätze, Geschäfte und öffentliche Gebäude waren nahezu verwaist. Menschen beäugen sich vorsichtig, ja ängstlich. Anstatt einander zu begegnen, müssen sie nach Wegen suchen, sich gegenseitig auszuweichen. Plötzlich wird menschliche Nähe zur größten Gefahr. Die Intensivstationen der Krankenhäuser sind in vielen Ländern überfüllt. Oft sind die Situationen so notvoll, dass Ärzte bis zur Erschöpfung um jeden einzelnen Patienten und jede Patientin kämpfen müssen, oftmals mit begrenztem Schutzmaterial und ohne ein adäquates Heilmittel, das die Leiden der Kranken lindert. Viele sterben einsam, ohne die bergende Hand und das tröstende Wort, das Gesicht ihrer Nächsten. Als Familien, als Seelsorgende, nicht einmal als Ärzte können wir direkte Nähe zeigen. Auch die Worte der Bibel, das Sakrament der Eucharistie als „Wegzehrung", können Sterbende oft nicht persönlich empfangen.
Wie gehen wir mit dieser Krise um, die vor allem in der Einsamkeit, in der Erfahrung tiefster Verlassenheit ihr dunkelstes Gesicht zeigt? Was hoffen wir in einer Zeit, die allzu viele Menschen in tiefe existentielle Not bringt?

Viele fragen: Wo ist Gott in dieser Zeit? Manche wollen in der Corona-Krise eine Strafe Gottes sehen, weil sich die Welt zu weit von ihm entfernt habe. Nach unserem Glauben ist Gott allerdings keiner, der Sühnestrafen über die Menschen schickt, mittels derer er sie vernichten, sie ins Verderben schicken will. Gott hat die Menschen als die Ersten seiner Schöpfung geschaffen. Er hat sie aus Liebe ins Leben gerufen. Und als höchster Liebesbeweis an uns Menschen wurde er selbst Mensch in seinem Sohn Jesus Christus. In ihm hat er schließlich selbst das schlimmste menschliche Leid durchlebt, ist den denkbar schlimmsten Tod gestorben, den Tod am Kreuz.

Wir Christen können den Leidensweg eng und Schritt für Schritt miterleben. Wenn wir mit Christus Tag für Tag, Station für Station auf seinem Leidensweg gehen, mit ihm innehalten und beten, begleiten wir ihn auf seinem Weg bis zum Augenblick seines Todes. Wir erfahren dabei, dass Gott in Jesus Christus all unsere menschenmöglichen Schmerzen, Verwunderungen, ja selbst den Tod in seiner grausamen Seite durchlebt, durchlitten hat und so unsere Schmerzen, unsere Verwundungen, ja selbst den Tod in seiner erschreckenden Dimension leibhaftig mitträgt.

Der tiefere Grund für diese Tradition ist unser Glaube, dass Gott selbst mit seinem Sohn Schritt für Schritt mit uns geht, bis in die äußersten Winkel des menschlichen Leids. Gott entzieht sich dem Leiden nicht, er trägt es mit. Er hat unsere Krankheit getragen und unsere Schmerzen auf sich geladen (Jes 53,4). In Jesus Christus hat Gott alle Last des menschlichen Lebens auf sich genommen, hat das Allerschlimmste – auch den Tod – am eigenen Leib durchlitten. Auf die Frage „Wo ist Gott in diesen schweren Tagen?“ dürfen wir deshalb antworten: Er ist bei uns. Er selbst liegt bei jedem und jeder Kranken und durchleidet mit ihnen jedes Schicksal, jedes einzelne Leiden. Er ist durch die Pforten des Todes gegangen und hält auch jetzt jede Hand, sieht allen Schmerz.

Doch hier endet unser Glaube und unser Trost noch nicht. So wie Gott seinen Sohn nicht im Grab lässt, sondern ihn am Ostermorgen zum Leben ruft, dürfen auch wir darauf vertrauen, dass Gott uns nicht dem Tod überlassen wird. „Denn ich bin gewiss: Weder Tod noch Leben [...] können uns scheiden von der Liebe Gottes, die in Christus Jesus ist, unserem Herrn" – so bekennt es der Apostel Paulus an die junge Christenheit (Röm 8,38).
Auch das Virus und die Pandemie, die uns derzeit an den Rand des Ertragbaren führen, haben nicht das letzte Wort. Sie werden irgendwann vorübergehen. Nach Corona wird sich die Welt verändert haben. Wir werden mit den Folgen noch lange ringen. Doch schon jetzt, heute, scheinen Hoffnungszeichen auf. Das Licht der Hoffnung strahlt auf durch Menschen, die einander unterstützen, ganz praktisch mit Herz und Hand: Schülerinnen und Schüler, die freie Zeit nutzen, um für Ältere einzukaufen, Menschen, die über Telefon oder die sozialen Netzwerke miteinander Kontakt halten, Gläubige aller Religionen und Konfessionen, die füreinander beten, Patientinnen und Patienten, die geheilt werden. All dies sind Hoffnungszeichen, die in dieser Krise aufscheinen und uns Zuversicht schenken können. Zeichen der Hoffnung, die uns von Jesus Christus her zugesagt ist: „Siehe, ich bin mit euch alle Tage bis zum Ende der Welt." (Mt 28,20b)

GEBET

Guter und treuer Gott,
wir tragen unsere Sorgen und unsere Ängste vor Dich
und wir bitten in diesen beängstigenden Tagen
um deinen Beistand.
Gib uns deinen lebenspendenden Geist,
der sich uns in Jesus Christus gezeigt hat.
Lass uns in deinem Geist erkennen, was richtig ist
und gib uns die Kraft, das rechte entschlossen zu tun.
Lass uns die Schwachen, Einsamen, Kranken,
die Verängstigen und Bedrückten aller Art nicht übersehen.
Hilf uns, dass wir diese Menschen nicht vergessen oder
an ihnen vorbeigehen.
Gib uns die Kraft zu helfen und heilsame Begegnungen
zu ermöglichen.
Lass sie durch unser Verhalten ihnen gegenüber deinen
wirksamen Beistand erfahren.
Durch uns möge Deine Güte und Menschenfreundlichkeit
lebendig werden und bleiben.
Das erbitten wir in dieser schweren Zeit von Dir,
guter und treuer Gott.
Amen.

DR. GEBHARD FÜRST
BISCHOF VON ROTTENBURG-STUTTGART

Birg in deinen Wunden mich

Bischof Dr. Felix Genn

DIE ERSCHEINUNG JESU VOR ALLEN JÜNGERN AM OSTERABEND

19 Am Abend dieses ersten Tages der Woche, als die Jünger aus
Furcht vor den Juden bei verschlossenen Türen beisammen
waren, kam Jesus, trat in ihre Mitte und sagte zu ihnen: Friede
sei mit euch! 20 Nach diesen Worten zeigte er ihnen seine
Hände und seine Seite. Da freuten sich die Jünger, als sie den
Herrn sahen. 21 Jesus sagte noch einmal zu ihnen: Friede sei
mit euch! Wie mich der Vater gesandt hat, so sende ich euch.
22 Nachdem er das gesagt hatte, hauchte er sie an und sagte zu
ihnen: Empfangt den Heiligen Geist! 23 Denen ihr die Sünden
erlasst, denen sind sie erlassen; denen ihr sie behaltet, sind sie
behalten.

EINE WEITERE ERSCHEINUNG JESU UND DER GLAUBE DES THOMAS

24 Thomas, der Didymus genannt wurde, einer der Zwölf, war
nicht bei ihnen, als Jesus kam. 25 Die anderen Jünger sagten zu
ihm: Wir haben den Herrn gesehen. Er entgegnete ihnen:
Wenn ich nicht das Mal der Nägel an seinen Händen sehe und
wenn ich meinen Finger nicht in das Mal der Nägel und meine
Hand nicht in seine Seite lege, glaube ich nicht. 26 Acht Tage
darauf waren seine Jünger wieder drinnen versammelt und
Thomas war dabei. Da kam Jesus bei verschlossenen Türen,
trat in ihre Mitte und sagte: Friede sei mit euch! 27 Dann sagte

er zu Thomas: Streck deinen Finger hierher aus und sieh
meine Hände! Streck deine Hand aus und leg sie in meine
Seite und sei nicht ungläubig, sondern gläubig! 28 Thomas
antwortete und sagte zu ihm: Mein Herr und mein Gott!
29 Jesus sagte zu ihm: Weil du mich gesehen hast, glaubst du.
Selig sind, die nicht sehen und doch glauben.

ERSTER SCHLUSS DES JOHANNESEVANGELIUMS

30 Noch viele andere Zeichen hat Jesus vor den Augen seiner
Jünger getan, die in diesem Buch nicht aufgeschrieben sind.
31 Diese aber sind aufgeschrieben, damit ihr glaubt, dass Jesus
der Christus ist, der Sohn Gottes, und damit ihr durch den
Glauben Leben habt in seinem Namen. Joh 20,19–31

Der Text, mit dem wir uns beschäftigen, ist der jährliche Evangelientext zum Weißen Sonntag. Jahr für Jahr berührt er mich, ganz besonders in diesem Jahr 2020 der Corona-Krise. Ich empfand bei der Vorbereitung der Ansprache für die Eucharistiefeier den so genannten ersten Schluss des Johannes-Evangeliums in ganz besonderer Weise trostvoll und passend in die Situation hineingesprochen. In diesem Jahr ging diesem Text ein Abschnitt aus dem ersten Petrusbrief voraus, den ich gerne als Einleitung zitiere: „Gottes Kraft behütet euch durch den Glauben. [...] Deshalb seid ihr voll Freude, wenn es für kurze Zeit jetzt sein muss, dass ihr durch mancherlei Prüfungen betrübt werdet. Dadurch soll sich eure Standfestigkeit im Glauben, die kostbarer ist als Gold, das im Feuer geprüft wurde und doch vergänglich ist, herausstellen." (1 Petr 1,5–7)
Vor dem Hintergrund dieses Zuspruchs habe ich in besonderer Weise auf das Bild von den Wundmalen geschaut, das im Evangelium der ersten Begegnung des Auferstandenen mit Seinen Jüngern eine zentrale Rolle spielt. Vergegenwärtigen wir uns die Situation: Die Jünger sind versammelt, haben aus Furcht vor den Juden die Türen verschlossen, sind selbst irritiert und verstört, weil sie mit der Situation der Kreuzigung ihres Herrn und Meisters überfordert sind. Außerdem sind sie von der Botschaft erschreckt, dass das Grab leer ist, und dass Er sich Maria von Magdala gezeigt hat. Auch mussten einige doch daran denken, dass sie angesichts Seiner Gefangennahme geflo-

hen waren, ja, dass Petrus selbst Ihn verleugnet hat, obwohl er zuvor beteuert hatte, er werde Ihn niemals verlassen. Nun tritt Er in ihre Mitte. Er kommt, und wünscht den Frieden. Aber erst als Er ihnen Seine Hände und Seine Seite zeigt, erkennen sie Ihn. Wunden sind es also, die Ihn erkennen lassen. Der Auferstandene, der aus der Herrlichkeit Gottes als Sieger über den Tod kommt, trägt Wunden! An ihnen ist Er erkennbar!

In der Zeit der Corona-Krise sind wir alle verwundet, ganz besonders die Menschen, die unmittelbar vom Virus betroffen sind, die Menschen, die um ihr Leben ringen, die Menschen, die zu den Angehörigen gehören, die nicht einmal bei der Beisetzung ihrer Toten anwesend sein können; die vielen, die sich darum bemühen, den Kranken zu helfen. Wir alle sind verwundet, weil wir plötzlich an Grenzen kommen, die wir uns so nicht hätten vorstellen können. Das Wort von der verwundeten Erde, das Papst Franziskus immer wieder gebraucht, trifft jetzt ganz besonders zu; denn diese Wunden sind global.

Der Auferstandene ist für Seine Jünger erkennbar an den Wunden. Er kommt in eine Gruppe, die verwundet ist und verwundet hat; verwundet ist, weil sie irritiert sind: Sie hatten doch auf Ihn die Hoffnung gesetzt und in letzter Minute – trotz großer Worte – sind sie eingeknickt. Petrus hat Ihn verleugnet. Was muss ihn das gewurmt haben! Und der Herr selbst ist verwundet durch all das, was Er durchgemacht hat. Aber: Er breitet die Wunden nicht aus, um jetzt einmal Rache zu üben, sondern um Frieden zu schenken.

Von den Wunden zu sprechen, bedeutet über diese Krise hinaus auch an all die vielen zu denken, die durch den Missbrauch kirchlicher Amtsträger verwundet wurden. Viele Wunden sind dort geschlagen worden! Die Begegnungen mit verletzten Personen zeigen mir das immer wieder.

Bei der Besinnung auf diese Schriftstelle von der Begegnung des Auferstandenen, der sich Seinen Jüngern an den Wundmalen zu erkennen gibt, fiel mir ein Text ein, der mich schon sehr lange begleitet. Es ist ein Satz in einem kleinen Gebet, das uns durch den heiligen Ignatius überliefert ist. Dort wird zu Jesus gesagt: „In deinen Wunden verbirg mich". (GL 6,4) Was heißt das – in deinen Wunden möge Er mich bergen? Im Blick auf den Auferstandenen, der sich so offenbart, wie wir es bedacht haben, begreife ich das Wort tiefer. Wenn Er, der den Tod überwunden hat, als „Dauermerkmal" – bis in die Ewigkeit hinein – die Wunden trägt, dann kann ich mich darin bergen. Dieses Motiv durchzieht die Heilige Schrift bis in das letzte Buch hinein, wo von dem Lamm die Rede ist, das aussieht wie geschlachtet. Das ist Er ja. Nicht der große Löwe, der sich aufspielt, sondern: Das geschlachtete Lamm am Thron der göttlichen Herrlichkeit – eine Wunde. Jeder von uns macht die Erfahrung: Wer wirklich liebt, ist verletzlich und lässt sich verletzen.
Was ist das für ein Bild, wenn wir daran denken, wie sehr wir in unserer Gesellschaft darauf aus sind, clean zu sein, fit, stark! Wer von uns hat schon einmal ein Werbefoto gesehen, auf dem ein Mensch dargestellt ist, der verwundet ist, der schrecklich aussieht, gezeichnet von seiner Krankheit? Sondern: Es geht doch darum, einen Effekt zu erzielen, wie schön man sein kann, wenn man dieses Mittel anwendet, oder dies oder jenes isst. Aber wir Christen zeigen einen Verwundeten! Und: Einen Verwundeten, der aufgrund dieser Verwundungen das Wort der Vergebung zusagen kann, einer Vergebung, nach der wir uns alle sehnen, wenn wir uns verletzt haben, aber einer Vergebung, die nicht nachtragend ist, sondern wirklich Frieden schafft: „In deinen Wunden verberge mich".
Am Schluss des Evangelienabschnittes sagt der Verfasser, er habe das alles aufgeschrieben, damit wir durch den

Glauben das Leben haben (vgl. Joh 20,30). Der Heilige Thomas von Aquin hat es in die schönen Worte gefasst: „Kann ich nicht wie Thomas schaun die Wunden rot, / bet ich dennoch gläubig: ‚Du mein Herr und Gott!' / Tief und tiefer werde dieser Glaube mein, / fester lass die Hoffnung, treu die Liebe sein." (GL 497,4)
Dieses Wort kann sicherlich ermutigen und stärken, damit wir im Sinne des ersten Petrusbriefes standfest bleiben in der Zuversicht, weil der Auferstandene – gerade als Verwundeter – uns begleitet und bei uns lebt!

DR. FELIX GENN
BISCHOF VON MÜNSTER

Ostern: Hoffnung aus der Erschütterung

Bischof Dr. Gregor Maria Hanke
OSB

DIE ERSCHEINUNG JESU
AUF DEM WEG NACH EMMAUS

13 Und siehe, am gleichen Tag waren zwei von den Jüngern auf
dem Weg in ein Dorf namens Emmaus, das sechzig Stadien
von Jerusalem entfernt ist. 14 Sie sprachen miteinander über
all das, was sich ereignet hatte. 15 Und es geschah, während sie
redeten und ihre Gedanken austauschten, kam Jesus selbst
hinzu und ging mit ihnen. 16 Doch ihre Augen waren gehal-
ten, sodass sie ihn nicht erkannten. 17 Er fragte sie: Was sind
das für Dinge, über die ihr auf eurem Weg miteinander redet?
Da blieben sie traurig stehen 18 und der eine von ihnen – er
hieß Kleopas – antwortete ihm: Bist du so fremd in Jerusa-
lem, dass du als Einziger nicht weißt, was in diesen Tagen
dort geschehen ist? 19 Er fragte sie: Was denn? Sie antwor-
teten ihm: Das mit Jesus aus Nazaret. Er war ein Prophet,
mächtig in Tat und Wort vor Gott und dem ganzen Volk.
20 Doch unsere Hohepriester und Führer haben ihn zum Tod
verurteilen und ans Kreuz schlagen lassen. 21 Wir aber hatten
gehofft, dass er der sei, der Israel erlösen werde. Und dazu ist
heute schon der dritte Tag, seitdem das alles geschehen ist.
22 Doch auch einige Frauen aus unserem Kreis haben uns in
große Aufregung versetzt. Sie waren in der Frühe beim Grab,
23 fanden aber seinen Leichnam nicht. Als sie zurückkamen,
erzählten sie, es seien ihnen Engel erschienen und hätten
gesagt, er lebe. 24 Einige von uns gingen dann zum Grab und
fanden alles so, wie die Frauen gesagt hatten; ihn selbst aber
sahen sie nicht. 25 Da sagte er zu ihnen: Ihr Unverständigen,

deren Herz zu träge ist, um alles zu glauben, was die Prophe-
ten gesagt haben. 26 Musste nicht der Christus das erleiden
und so in seine Herrlichkeit gelangen? 27 Und er legte ihnen
dar, ausgehend von Mose und allen Propheten, was in der
gesamten Schrift über ihn geschrieben steht. 28 So erreichten
sie das Dorf, zu dem sie unterwegs waren. Jesus tat, als wolle
er weitergehen, 29 aber sie drängten ihn und sagten: Bleibe bei
uns; denn es wird Abend, der Tag hat sich schon geneigt! Da
ging er mit hinein, um bei ihnen zu bleiben. 30 Und es geschah,
als er mit ihnen bei Tisch war, nahm er das Brot, sprach den
Lobpreis, brach es und gab es ihnen. 31 Da wurden ihre Augen
aufgetan und sie erkannten ihn; und er entschwand ihren Bli-
cken. 32 Und sie sagten zueinander: Brannte nicht unser Herz
in uns, als er unterwegs mit uns redete und uns den Sinn der
Schriften eröffnete? 33 Noch in derselben Stunde brachen sie
auf und kehrten nach Jerusalem zurück und sie fanden die Elf
und die mit ihnen versammelt waren. 34 Diese sagten: Der
Herr ist wirklich auferstanden und ist dem Simon erschienen.
35 Da erzählten auch sie, was sie unterwegs erlebt und wie sie
ihn erkannt hatten, als er das Brot brach. Lk 24,13–35

DIE ERSCHEINUNG JESU VOR MARIA VON MAGDALA

11 Maria aber stand draußen vor dem Grab und weinte. Wäh-
rend sie weinte, beugte sie sich in die Grabkammer hinein.
12 Da sah sie zwei Engel in weißen Gewändern sitzen, den
einen dort, wo der Kopf, den anderen dort, wo die Füße des
Leichnams Jesu gelegen hatten. 13 Diese sagten zu ihr: Frau,
warum weinst du? Sie antwortete ihnen: Sie haben meinen
Herrn weggenommen und ich weiß nicht, wohin sie ihn
gelegt haben. 14 Als sie das gesagt hatte, wandte sie sich um

und sah Jesus dastehen, wusste aber nicht, dass es Jesus war.
15 Jesus sagte zu ihr: Frau, warum weinst du? Wen suchst du?
Sie meinte, es sei der Gärtner, und sagte zu ihm: Herr, wenn
du ihn weggebracht hast, sag mir, wohin du ihn gelegt hast!
Dann will ich ihn holen. 16 Jesus sagte zu ihr: Maria! Da
wandte sie sich um und sagte auf Hebräisch zu ihm: Rabbuni!,
das heißt: Meister. 17 Jesus sagte zu ihr: Halte mich nicht fest;
denn ich bin noch nicht zum Vater hinaufgegangen. Geh aber
zu meinen Brüdern und sag ihnen: Ich gehe hinauf zu mei-
nem Vater und eurem Vater, zu meinem Gott und eurem
Gott. 18 Maria von Magdala kam zu den Jüngern und verkün-
dete ihnen: Ich habe den Herrn gesehen. Und sie berichtete,
was er ihr gesagt hatte. Joh 20,11–18

„Es war einmal...“. So beginnen unsere Märchen, denen wir in Kindertagen gebannt lauschten und die Kinder bis zu einem bestimmten Alter auch heute noch gern hören. Werden sie älter, erscheint ihnen der Stoff der Erzählungen immer unwirklicher und fremder. Die Märchen haben keine Relevanz mehr für das Leben.
„Es war einmal ...“. Diese Einleitung ließe sich vor die Osterüberlieferung der neutestamentlichen Schriften setzen, wollte man vom Stellenwert der Botschaft von Tod und Auferstehung Jesu im Leben vieler unserer Zeitgenossen ausgehen.
Umfragen zeigen, dass der Inhalt des Ostergeschehens vielen überhaupt nicht mehr bewusst ist. Das zentrale Ereignis unseres Glaubens ist im Verständnis vieler Mitmenschen reduziert auf ein Frühlingsfest, ein Fest zur Zusammenkunft der Familie, ein Fest des Schokohasen. Andere betrachten die Osterbotschaft als fromme Legende oder Mythos, als Botschaft mit symbolischem Charakter am Übergang vom Winter zum Erwachen der Natur.
Als Christen bekennen wir im Credo Tod und Auferstehung Jesu, wir glauben an seine Auferstehung als Ereignis in der Geschichte, das unserem Leben Heil und Zukunft schenkt. Liegt aber nicht das von uns Bekannte zeitlich bereits so weit in der Vergangenheit, dass die Botschaft für unser Leben keinerlei konkrete Auswirkung mehr hat?
Christsein ohne lebendigen Osterglauben gleicht Schwimmbewegungen ohne Wasser. Der Theologe Johann Baptist

Metz stellt die Frage, ob wir Christen, die wir in Jesu Tod und Auferstehung hineingetauft wurden, uns wirklich als österliche Menschen verstehen, als Menschen der Hoffnung. Er schreibt weiter: „Bieten wir Christen der Welt nicht das peinliche Schauspiel von Menschen, die zwar von Hoffnung reden, aber eigentlich nichts mehr erwarten?“[5]

Wie kann der Glaube an Jesu Auferstehung von den Toten unserem Leben Hoffnung geben? Gott hat in Jesu Auferweckung der Menschheitsgeschichte und jeder Lebensgeschichte eine Erschütterung zugefügt. Er offenbarte, dass wir Menschen uns nicht einfach abfinden müssen mit den Fakten und Tatsachen der sogenannten Wirklichkeit unseres Lebens und unserer Lebensgeschichte. In Jesu Auferstehung stört Gott die Logik unserer Weltbilder, der Gesellschafts- und Herrschaftssysteme, der Ökonomisierung des Lebens. Er stört auch die vermeintliche Logik unserer Niederlagen und Krisen, ebenso meine ganz persönlichen Logiken, mein Selbstbildnis und meine Urteile. Hoffnung erwächst aus der Erschütterung der Welt der Fakten, wie wir sie uns zurechtlegen. Jesu Sieg über den Tod fügt diesen Wirklichkeiten gleichsam einen Riss zu, eine Öffnung, die Gottes Zukunft durchscheinen lässt. Diese kann uns über nicht aufgegangene Pläne, über Enttäuschungen und in schweren Lebenslagen, in Krisen und Krankheiten aufleuchten. Das durchbohrte Herz des Gekreuzigten steht als Bild dafür. Aus ihm fließen Blut und Wasser, Zeichen für Eucharistie und Taufe als Quellen des Heils. Der Glaube an Jesus, den vom Tod Erstandenen, ermöglicht uns eine neue Sicht auf die Wirklichkeit aus der Perspektive Gottes.

---

5 Johann Baptist Metz: Zeit der Orden? Zur Mystik und Politik der Nachfolge, Freiburg i. Br. 1977, S. 79.

Dieser Sicht im Alltag Raum zu geben, müsste uns immer wieder zur Frage führen, was der Glaube, dass Jesus auferstanden ist, für die großen Handlungsstränge und die vielen kleinteiligen Handlungen des Alltags bedeutet. Christliche Eheleute, Frauen und Männer in Gemeinschaften sind gerufen, im oftmals nicht leichten Miteinander Lichtstrahlen des österlichen Lichtes zu entdecken. Wie können wir in unseren Pfarrgemeinden als österliche Menschen, als Zeugen der Hoffnung leben und handeln? Wo schimmert bereits die neue Wirklichkeit Gottes durch das Grau des Alltags hindurch?

Die harten Tatsachen des Lebens, die unausweichlich erscheinenden Fakten, mit denen wir uns arrangieren, wirken mit ihrer vermeintlichen Logik oft wie große Felsblöcke, die Gottes Zukunft verstellen. Jesu Auferstehung hat diese Welt erschüttert, der Stein ist weggerollt vom Grab. Das leere Grab bekundet die Osterbotschaft, der Weg in die Zukunft Gottes ist frei.

Nach den Zeugnissen der Schrift wurde besonders jenen die Ostererfahrung zuteil, die Regung und Emotion zeigten und sich nicht einfach abfinden wollten mit Jesu Tod. Maria von Magdala war zwar drauf und dran, seinen Tod zu akzeptieren. Doch ist sie zugleich erfüllt von Schmerz und tiefer Trauer über den fehlenden Leichnam Jesu. Die Emmausjünger hatten das schreckliche Golgota-Geschehen bereits als Ende der Sache Jesu interpretiert und für sich persönlich als Weichenstellung zur Rückkehr ins alte Leben. Dennoch wirken in ihnen Trauer und Enttäuschung nach. Jene, die ihn vermissen und einen Mangel spüren, die leiden an seiner Abwesenheit in der Welt seit dem Karfreitag, die selbst verletzt und fassungslos sind ob der Ungerechtigkeit von Golgota, die Fragen und Ängste in sich tragen und wenigstens noch einen Funken Sehnsucht nach seinem Antlitz verspü-

ren, also diesen Menschen des Karsamstags offenbart er sich überraschend und unerwartet. Die Ostererfahrung und der Osterglaube wächst aus den Karsamstagserfahrungen des Lebens. Nicht aus meiner Halleluja-Stimmung, sondern aus den Karsamstagen meines Lebens wird er auferstehen und sich mir erfahrbar machen. Seit Jesu Auferstehung gibt es für jede und jeden von uns in der je eigenen Wirklichkeit den Spalt, durch den Gottes Zukunft bereits hereinbricht. Jenen, die einen Mangel und Sehnsucht verspüren, begegnet der Auferstandene. Auferstehung schließt für ihn ein, unterwegs zu sein zu den Seinen, im Garten beim leeren Grab, wo ihn Maria von Magdala beweint, ebenso wie auf der Straße nach Emmaus. Auf unseren Straßen und Lebenswegen heute ist er gleichfalls anzutreffen. Wie damals gibt er sich auch uns nicht einfach zu erkennen, d.h. er ist nicht verfügbar. Begegnung mit ihm ist sein Geschenk. Doch können wir von den Emmausjüngern lernen, wie wir uns auf das Geschenk der Begegnung vorbereiten: mit dem Fremden gehen, sich von ihm ansprechen lassen und hineinhören. Der Blick auf das Gesicht des anderen kann ihn ansichtig machen und mir seine Weggemeinschaft schenken. Sagt uns nicht der Herr selbst: Ich war hungrig, ich war durstig, ich war krank, ich war nackt, ich war im Gefängnis und ihr habt mich wahrgenommen (vgl. Mt 25,35f.)? Er ist mir also schon nahe. In seiner Gemeinschaft wird mir eine Sehkraft zuteil, die Hoffnung schenkt. Christliche Hoffnung heißt, weiter und mehr sehen können als die Wirklichkeit bietet, heißt das Geheimnis Gottes in meinem Leben entdecken.
Vielleicht spüre ich in mir wenig oder nicht viel Verlangen und vermisse ihn nicht. Möglich, dass er mir nicht fehlt, weil ich mich mit den Fakten und Zwängen meines Lebens arrangiert habe und mich so durch die Zeit rette. Wie sollte mir die Erfahrung seiner Gegenwart geschenkt werden? Die Ver-

suchung, sich zu arrangieren, ist groß. Die Zeit meines Lebens wirkt knapp bemessen, der Lebensweg erscheint kurz. Das Zeitgefühl der Moderne möchte die Zukunft, die Ewigkeit ins Hier und Jetzt holen. Die fehlende Perspektive nach vorne mündet oft in die Maxime ein: Du musst das Leben auskosten, wenn danach sowieso nichts mehr zu erwarten ist. Futur wird als Präsens gelebt, statt Hoffnung Genuss. Ereignen sich jedoch Katastrophen im Leben, können sie kaum bewältigt werden.

Wir als Kirche feiern jeden Sonntag, in jeder Heiligen Messe die liturgische Vergegenwärtigung des Todes und der Auferstehung Jesu, die von Gott gewirkte Erschütterung der Geschichte. Jede Mitfeier der Eucharistie ist ein Bekenntnis, dass wir uns nicht einfach abfinden wollen mit den Gegebenheiten dieser Welt, mit diesem Leben, wie es ist.

Die Botschaft von Jesu Tod und Auferstehung lädt uns ein in Gottes Perspektive: Wir wollen unsere Augen öffnen, um nach ihm Ausschau zu halten. Er ist unterwegs. Denn der Weg in die Zukunft ist offen, die Wirklichkeit ist durchlässig. In der Begegnung mit dem Auferstandenen und beim Blick in das Gesicht des Mitmenschen wird mir Sehkraft für das neue Leben geschenkt. Hoffnung kann lebendig werden. Dann lebt unser Herz auf.

DR. GREGOR MARIA HANKE OSB
BISCHOF VON EICHSTÄTT

Wächter, wie lange noch dauert die Nacht?

Erzbischof Dr. Stefan Heße

Wächter, wie lang ist noch die Nacht? Wächter, wie lang ist noch die Nacht? Jes 21,11

Ohne es zu ahnen, begann meine persönliche Corona-Zeit mit einem besonderen nächtlichen Erlebnis: Als Flüchtlingsbischof war ich in Marokko unterwegs, um dort Menschen auf der Flucht zu begegnen, sie und vor allem die zahlenmäßig kleine, aber sehr aktive katholische Kirche im Land zu unterstützen. Plötzlich, am letzten Abend wurden wir gewahr, dass Marokko beabsichtigt, seine Grenzen zu schließen. Um dort nicht länger als nötig festzusitzen, sind wir noch in der Nacht über die marokkanische Grenze in die spanische Exklave Melilla hinübergegangen, um am nächsten Tag wieder nach Deutschland fliegen zu können. Es sei der letzte reguläre Flug von Madrid nach Hamburg gewesen, hieß es später. Und weil Madrid in der Zwischenzeit Risikozone wurde, trat ich in eine vierzehntägige häusliche Quarantäne ein.
Obwohl der Frühling in diesem Jahr so herrlich klar und sonnig war wie lange nicht, legte sich auf diese Corona-Zeit für viele eine Art nächtliches Gefühl. In unseren Städten, selbst mitten im Hamburger St. Georg-Viertel, wurde es merklich stiller, fast wie des Nachts. Die Bewegungsfreiheit war eingeschränkt – wie in der dunklen Nacht. Der Versuch, die Nacht zum Tage zu machen, will nicht mehr gelingen. Die Seelsorger auf der Hamburger Reeperbahn bzw. der Großen Freiheit berichten mir von einer Ruhe, die sie noch nie vor Ort gespürt haben. Jedoch nicht zu wissen, wie lange all das dauern würde und wie es weitergeht, Sorgen um Verwandte und Bekannte, Ängste um das eigene Leben und das der

anderen, ein Kampf um Leben und Tod, all das ist beschleichend nah den Unsicherheitserfahrungen, die wir Menschen in der Nacht machen. Die Nacht ist längst nicht nur ein paar Stunden lang. Sie reicht viel tiefer als eine messbare Zeiteinheit. Nächte können manchmal unendlich lang sein. Menschen haben das Gefühl, aus mancher Nacht ihres Lebens gar nicht mehr herauszukommen. Nächtliche Schlafstörungen sind dafür für manchen vielleicht nur ein Indiz. Ein italienisches Sprichwort spiegelt dies in gewisser Weise wider: „Die Nacht ist das Löschblatt der Sorgen".

Auf diesem Hintergrund ist es für mich überhaupt nicht verwunderlich, dass in der Heiligen Schrift die Nacht immer und immer wieder vorkommt. Bezeichnenderweise machen Menschen gerade auch in der Nacht entscheidende Gotteserfahrungen. Jakob kämpft mit seinem Gott in der Nacht; Josef empfängt Weisung im nächtlichen Traum, um nur zwei solcher biblischen Erfahrungen zu nennen. Mir kommt die Frage an den Nachtwächter beim Propheten Jesaja in den Sinn: „Wächter, wie lang ist noch die Nacht?" (Jes 21,11).

Es ist ein Schrifttext, der gewöhnlich in der Liturgie der Adventszeit seinen Ort hat, aber aufs Lebensganze bezogen werden kann.

Das Weihnachtsfest will auf die Lebensnacht des Menschen eingehen und Antwort geben. Nicht von ungefähr siedelt es deshalb die Weihnachtsliturgie des Nachts an. „Als tiefes Schweigen das All umfing und die Nacht in ihrem Lauf bis zur Mitte gelangt war, da sprang dein allmächtiges Wort vom Himmel ..." (Weish 18,14).

Der Gegenpol zur Christnacht ist die Osternacht, die nicht isoliert dasteht, sondern in das Triduum Sacrum eingebettet ist. So beginnt diese großartige Liturgie, die recht besehen eine einzige Feier ist, schon am Abend des Gründonnerstags. An diesem Tag macht es keinen Sinn, die Messe am

Morgen zu feiern, sondern sie gehört in die Abendstunden, mit denen das österliche Geschehen seinen Anfang nimmt: „Jesus, der Herr, nahm in der Nacht, in der er ausgeliefert wurde, Brot ..." (1 Kor 11,23). Es ist die Nacht, die Jesus im Gebet im Garten Getsemani verbringt. Zugleich ist es die Nacht des Verrates, in der Judas noch den Bissen Brot gereicht bekommt, aber dann hinausgeht. Der Evangelist Johannes bringt die Finsternis dieses Geschehens unmissverständlich zum Ausdruck in dem knappen Satz: „Es war aber Nacht" (Joh 13,30). Das ist mehr als eine Zeitansage. Judas geht in eine Finsternis hinein, die an Dunkelheit nicht zu übertreffen ist. Aber auch der Weg Jesu, der in der Christnacht hier auf Erden begonnen hat, scheut vor der Tiefe dieser nächtlichen Erfahrung nicht zurück. Er führt in die allerdunkelste Nacht des Todes hinein: „Denn wie Jona drei Tage und drei Nächte im Bauch des Fisches war, so wird auch der Menschensohn drei Tage und drei Nächte im Schoß der Erde sein" (Mt 12,40). Jesus schreckt nicht vor der Nacht aller Nächte zurück, sondern geht in sie hinein, geht durch sie hindurch. Er geht in dieser Nacht aber nicht zugrunde, sondern bricht diese Nacht auf in einen neuen Morgen hinein. Es ist wohl kein Zufall, dass in vielen Ostererzählungen der Auferstandene am Beginn des neuen Tags Frauen und Männern erscheint. In Joh 21 steht er in der Dämmerung des Ostermorgens am Ufer, um die Nacht der Jünger, die nichts gefangen hatten, in den Ostermorgen hinüberzuführen. Christus begegnet uns immer wieder an der Grenze zwischen Nacht und Tag, zwischen Meer und Ufer. Deswegen feiern wir Christen die Osternacht. Es ist nicht nur eine unter vielen Liturgien, sondern die Urliturgie schlechthin. Sie wird bewusst im Dunkeln gefeiert. Die liturgischen Bestimmungen legen sinnvollerweise fest, dass die Feier in der Nacht stattfinden soll; sie soll nicht vor Einbruch der Dunkelheit beginnen und nicht nach der Morgendämmerung des Sonntags enden. Christen stellen sich in die Osternacht hinein, schauen auf das die Nacht durchschneidende Feuer und nehmen von dort das Licht auf. Sie gehen mit brennenden Lampen (vgl. Lk 12,35ff.) dem wiederkommenden Christus entgegen. Frauen und Männer in den kontemplativen Orden setzen diese Osternacht übrigens in den nächtlichen Gebeten – den Nokturnen – übers Jahr hin fort und stehen bewusst vor Gott, wenn andere in ihren Lebensnächten leiden.

Im Lobgesang der Osternacht auf das neu entzündete Licht der Osterkerze, im großartigen Exsultet, heißt es dann folgerichtig: „Dies ist Nacht, die unsere Väter, die Söhne Israels, aus Ägypten befreit und auf trockenem Pfad durch die Fluten des Meeres geführt hat. Dies ist die Nacht, in der die leuchtende Säule das Dunkel der Sünde vertrieben hat. Dies ist die Nacht, die auf der Erde alle, die an Christus glauben, scheidet von den Lastern der Welt".

Ein wenig später nur kommt in der Osternacht als erste Lesung die Schöpfungserzählung aus dem Buch Genesis zu Gehör. Bezeichnenderweise gehört zur Schöpfung die Unterscheidung zwischen Tag und Nacht, Licht und Dunkel. Damit wird ein Spannungsbogen eröffnet, der erst in der österlichen Erfahrung aufgelöst wird. Diese österliche Christusnacht verwandelt grundsätzlich jede Menschen-Nacht. Seit dieser einzigartigen Osternacht kann in jeder Nacht der österliche Glanz des Auferstandenen aufscheinen. Die Nacht der Welt ist fortan keineswegs mehr gottlos, nicht mehr todesvoll oder sinnleer, sondern sie will zu einem Ort der Offenbarung Gottes werden. Die Feuersäule (Ex 13,21) will auch in alle möglichen Corona-Nächte hineinleuchten.

Jesus kommt auf uns zu in allen Nächten, so wie er auf die Jünger im aufgepeitschten See in der vierten Nachtwache

zukam (Mk 6,48). Interessanterweise hat Papst Franziskus in dem für mich außergewöhnlich eindrucksvollen Gottesdienst auf dem menschenleeren Petersplatz am 27. März 2020 genau diese Textstelle gelesen und in seiner Predigt ausgelegt. Die Dunkelheit, zudem noch der Regen, der just an diesem Abend fiel, führten sinnenhaft all die nächtlichen Corona-Erfahrungen vor Augen.
Das Reich Gottes breitet sich nicht nur am Tag, sondern erst recht in die Nacht hinein aus. Der göttliche Same wächst selbst mitten in der Nacht. Der Sämann schläft, er steht wieder auf, es wird Tag und Nacht. Der Samen keimt und wächst und der Mann weiß nicht wie (vgl. Mk 4,27). Die Nacht wird zu einem Ort der Gottesoffenbarung und der Gottesnähe. Nichtsdestotrotz, ja konsequenterweise steht am Ende der Heiligen Schrift die großartige Verheißung: „Es wir keine Nacht mehr geben“ (Offb 22,5). Wenn wir die Verwandlung aller nächtlichen Erfahrungen in der einzigartigen Osternacht Christi ernst nehmen, wird es keine Nacht mehr geben, sondern nur pures Licht. Alles, was ans Licht kommt, wird selber zu Licht werden (vgl. Eph 5,13f). Das Licht dieses endzeitlichen Ostertages wird kein Ende haben.

Dr. Stefan Heße
Erzbischof von Hamburg

Loblieder in der Mitte der Nacht

Bischof Wolfgang Ipolt

[Einige Männer] ergriffen [...] Paulus und Silas, schleppten sie
auf den Markt vor die Stadtbehörden, 20 führten sie den obers-
ten Beamten vor und sagten: Diese Männer bringen Unruhe
in unsere Stadt. Es sind Juden; 21 sie verkünden Sitten und
Bräuche, die wir als Römer weder annehmen können noch
ausüben dürfen. 22 Da erhob sich das Volk gegen sie und die
obersten Beamten ließen ihnen die Kleider vom Leib reißen
und befahlen, sie mit Ruten zu schlagen. 23 Sie ließen ihnen
viele Schläge geben und sie ins Gefängnis werfen; dem
Gefängniswärter gaben sie Befehl, sie in sicherem Gewahr-
sam zu halten. 24 Auf diesen Befehl hin warf er sie in das
innere Gefängnis und schloss ihre Füße in den Block. 25 Um
Mitternacht beteten Paulus und Silas und sangen Loblieder;
und die Gefangenen hörten ihnen zu. 26 Plötzlich begann ein
gewaltiges Erdbeben, sodass die Grundmauern des Gefäng-
nisses wankten. Mit einem Schlag sprangen die Türen auf und
allen fielen die Fesseln ab. 27 Als der Gefängniswärter auf-
wachte und die Türen des Gefängnisses offen sah, zog er sein
Schwert, um sich zu töten; denn er meinte, die Gefangenen
seien entflohen. 28 Da rief Paulus laut: Tu dir nichts an! Wir
sind alle noch da. 29 Jener rief nach Licht, stürzte hinein und
fiel Paulus und Silas zitternd zu Füßen. 30 Er führte sie hinaus
und sagte: Ihr Herren, was muss ich tun, um gerettet zu wer-
den? 31 Sie antworteten: Glaube an Jesus, den Herrn, und du
wirst gerettet werden, du und dein Haus. 32 Und sie verkün-
deten ihm und allen in seinem Haus das Wort des Herrn. 33 Er
nahm sie in jener Nachtstunde bei sich auf, wusch ihre Strie-

men und ließ sich sogleich mit allen seinen Angehörigen tau-
fen. 34 Dann führte er sie in sein Haus hinauf, ließ ihnen den
Tisch decken und war mit seinem ganzen Haus voll Freude,
weil er zum Glauben an Gott gekommen war. Apg 16,19–34

Die Apostelgeschichte, das zweite Werk des Lukas, ist eines meiner Lieblingsbücher des Neuen Testaments. Dieses Buch ist ganz vom Aufbruch geprägt. Das Osterereignis leuchtet darin in seiner ganzen Frische auf. Wir erfahren etwas von der Zeit des Anfangs und vom Beginn der Ausbreitung des Evangeliums. Erstaunlich ist dabei, in welcher Geschwindigkeit der „Weg Jesu" (vgl. Apg 9,2) sich verbreitet und mit welcher Freude die Apostel und ihre Mitarbeiter unterwegs sind. Aber natürlich gibt es bei der Verkündigung der frohen Botschaft nicht nur Erfolge, sondern auch Rückschläge und Hindernisse. Auch davon berichtet dieses Buch ganz realistisch und auch der Text, den ich ausgesucht habe.
Es hatte alles gut begonnen. Durch einen Wink des Himmels hatten Paulus und Silas den Schritt nach Neapolis in Mazedonien gewagt. Damit betraten sie zum ersten Mal europäischen Boden. Es war wohl ein längeres Suchen, das hinter ihnen lag. In den Versen vor unserem Text berichtet die Apostelgeschichte, dass den beiden Missionaren verschiedene andere Wege vom Heiligen Geist verwehrt wurden. Nun hatten sie endlich wieder ein neues Ziel vor Augen. In der Stadt Philippi, nahe der Küste, begegnen Paulus und Silas einer Frau namens Lydia (Apg 16,14). Sie ist offen für das, was die beiden zu verkünden haben. Bald nach ihrer Unterweisung wird sie mit ihrem ganzen Haus getauft und nimmt Paulus und Silas in ihr Haus als Gäste auf.
Aber in dieser Stadt gibt es auch Gegenwind. Die hellseherischen Fähigkeiten einer Magd, einer Sklavin, werden von

ihren Herren kommerziell ausgenutzt. Als Paulus im Namen Jesu Christi diese Frau von dem Wahrsagegeist befreit, ist das natürlich geschäftsschädigend und der Apostel und sein Mitarbeiter müssen den Zorn der Geschädigten ernten. Sie werden verhaftet und mitten auf dem Marktplatz von Philippi vor Gericht gestellt. Unter dem Vorwand fadenscheiniger anderer Gründe erwirken die Geschädigten in einer Art Standgericht die Verurteilung der beiden Gefangenen: Paulus und Silas werden in aller Öffentlichkeit mit Ruten geschlagen und ins Gefängnis der Stadt geworfen. Die Stimmung in der Stadt hatte sich gegen sie gerichtet – das Volk erhob sich gegen sie, so drückt es Lukas aus. Man hat beim Lesen dieser Szene den Eindruck, dass man bei Paulus und Silas auf Nummer sicher gehen wollte. Darum kommen sie in sicheren Gewahrsam, manche meinen, das war ein unterirdisches Loch, und man spannte ihre Füße dazu noch in den Block.

Nach den anfänglich guten Erfahrungen mit ihrer Mission folgt nun für Paulus und Silas diese beinahe aussichtslose Lage. Man erwartet eigentlich Verzweiflung, Angst und Resignation. Es muss ihnen die Frage gekommen sein: Werden wir in dieser Stadt überhaupt noch eine Chance haben mit unserer Botschaft? Womit haben wir eine solche Behandlung verdient?
Aber Paulus und Silas verzweifeln nicht – sie beten und singen Loblieder auf Gott. Sie beten nicht um Befreiung, sondern preisen Gott *in* dieser aussichtslosen Lage. Da muss bei ihnen die Gewissheit gewesen sein: Wir sind nicht allein und verlassen. Gott bleibt immer der Größere, er wird uns einen Ausweg zeigen und uns weiterführen. Bei diesem Lobgesang des Paulus und Silas ist es Nacht – nicht nur von der Uhrzeit her, sondern es ist auch Nacht im Hinblick auf die Lage, in der sich die beiden befinden.

Das Erdbeben ist dann wie ein Befreiungszeichen – aber auf eine ganz andere Weise, als sie es vermutet hatten. Inmitten der Aussichtslosigkeit schenkt Gott Rettung – nicht nur für Paulus und Silas, sondern mehr noch und tiefer für den Gefängniswärter, der sich noch in dieser Nachtstunde mit seinem ganzen Haus zu Jesus bekehrt. Aus dem ungerecht vollzogenen Urteil auf dem Marktplatz in Philippi an den beiden Zeugen des Evangeliums lässt Gott neue Zeugen erwachsen. Von dem Gefängniswärter heißt es ausdrücklich, dass er „mit seinem ganzen Haus voll Freude war, weil er zum Glauben an Gott gekommen war."
Ich muss dabei an ein bekanntes Sprichwort denken: „Gott kann auch auf krummen Linien gerade schreiben". Das will sagen: Gott kann auch aus schwierigen Situationen Gutes erwachsen lassen. Er biegt nicht alles gerade, was Menschen falsch gemacht haben, aber er verlässt uns nicht – auch nicht in Schwierigkeiten und schon gar nicht im Leid. Ob Paulus und Silas darauf vertraut haben und deshalb um Mitternacht Loblieder auf diesen Gott angestimmt haben?

Mir hilft diese Szene aus der Apostelgeschichte, die Corona-Krise, die die ganze Welt in diesem Jahr erleben und durchleiden muss, in einem anderen Licht zu sehen. Viele Menschen sind durch diese Krise zunächst unglücklich und hilflos, unsicher und ängstlich geworden. Das ist nicht nur so wegen der Gefahr einer unbekannten Krankheit, von der man persönlich getroffen werden könnte, sondern besonders deshalb, weil diese Krankheit unser aller Leben verändert hat – nicht nur das der Infizierten oder gar schwer Erkrankten. Kein Bereich des gesellschaftlichen und kirchlichen Lebens ist davon unberührt. Wir müssen uns neu orientieren, neue Schwerpunkte setzen und wohl in mancher Hinsicht bescheidenere Wege beschreiten. Wir haben zum

Beispiel gelernt, neue Wege der Kommunikation untereinander einzuüben.
Nicht zuletzt: Es gilt, danach zu suchen, was Gott uns im Heute – in der gegenwärtigen Krise – zu sagen hat und welche Lektion wir dabei für das Leben unseres Glaubens lernen können. Im Verhalten des Paulus und Silas im Gefängnis in Philippi ist für mich eine wichtige Botschaft verborgen. Man kann die eigene Lage beklagen und bejammern, ja man kann daran verzweifeln und nur noch die Aussichtslosigkeit sehen. Man kann aber auch in dieser Lage weiterhin das Gotteslob anstimmen und nicht aufhören, auf den zu vertrauen, der unser aller Leben in seiner Hand hält. Dann kann auch heute Überraschendes geschehen – damit sollten wir zumindest rechnen.
Paulus und Silas dürfen die Bekehrung des Gefängniswärters erleben. Ihr Auftrag, das Evangelium zu verkünden, geht anders weiter als geplant. Aber er geht weiter.
In den letzten Wochen und Monaten haben auch wir bei allen Einschränkungen und Schwierigkeiten in der Krise der Pandemie Schönes und Stärkendes erleben dürfen: eine selten da gewesene Solidarität und spontane Hilfsbereitschaft in der Gesellschaft und ebenso eine große Kreativität im Leben des Glaubens vieler Christen und auch der Gemeinden. Ich bin sicher, dass gerade durch die Einschränkungen in der öffentlichen Feier der Liturgie manch eine Familie am Sonntag miteinander in einer Hausandacht gebetet hat, die es lange nicht mehr getan und sich zugetraut hat.

Die Haltung der beiden Gefangenen in Philippi erinnert nicht zuletzt an das, was der heilige Ignatius von Loyola (1491–1556) in seinem Exerzitienbuch die „Indifferenz", das geistliche Gleichgewicht, nennt. Es ist dies die Liebe, die zu allem

bereit ist und die dem Herrn folgen will, wohin er geht oder wohin er uns führt. In diesem Sinne ist die Formulierung im „Prinzip und Fundament“ der Exerzitien (EB 23) richtig zu deuten und zu verstehen, die so lautet: „Deshalb ist es nötig, dass wir uns gegenüber allen geschaffenen Dingen in allem, was der Freiheit unserer Entscheidungsmacht gestattet und ihr nicht verboten ist, indifferent (gleichmütig) machen. Wir sollen also von unserer Seite Gesundheit nicht mehr verlangen als Krankheit, Reichtum nicht mehr als Armut, Ehre nicht mehr als Schmach, langes Leben nicht mehr als kurzes und folgerichtig so in allen übrigen Dingen. Einzig das sollen wir ersehnen und erwählen, was uns mehr zum Ziele hinführt, auf das hin wir geschaffen sind.“[6]
P. Willi Lambert SJ erklärt das Fundament der Exerzitien so: „Die Lehre von der Indifferenz kann man ‚Relativitätstheorie der Spiritualität‘ nennen. Absolut ist nur die Liebe. Sie hat absolute Priorität. Auf sie hin ist alles bezogen, d.h. relativ. Aus Liebe heraus kann jemand zu einem Freund stehen, obwohl er als Folge davon vielleicht in der Öffentlichkeit verleumdet wird. Aus Liebe heraus kann jemand seine Gesundheit, ja im Extremfall sein Leben riskieren und einsetzen – nicht weil das Leben kein Wert wäre, sondern weil erst durch die Liebe alles wertvoll wird: Gesundheit und Krankheit, Reichtum und Armut, Leben und Tod.“[7]

Gott kann auch auf krummen Linien gerade schreiben, so sagt es das Sprichwort. Wir sind wohl gerade erst dabei, lesen zu lernen, was er da schreibt. Ich vertraue darauf, dass neue Türen aufgestoßen werden, dass sich Wege auftun, die wir nach und nach entdecken. Ich möchte weiterhin

---

6 Peter Köster: Zur Freiheit befähigen, Leipzig ²2000, S. 19.

7 Willi Lambert: Aus Liebe zur Wirklichkeit – Grundworte ignatianischer Spiritualität. Mainz 1991, S. 60.

das entziffern und deuten, was der Herr zu sagen hat und ich lade auch Sie dazu ein.
Ein altes Gebet, das mir persönlich sehr wichtig geworden ist, könnte für unsere Gegenwart etwas umformuliert so lauten:

GEBET

Herr, diese Zeit und was sie bringen mag
sei mir aus deiner Hand gegeben.
Du bist der Weg, die Wahrheit und das Leben.
Du bist der Weg, ich will ihn gehen.
Du bist die Wahrheit, ich will sie sehen.
Du bist das Leben.
Mag mich umgeben
Leid und Krankheit,
Glück oder Glut, –
alles ist gut, wie es kommt.
Gib, dass es frommt.
Bewahre auch all meine Lieben,
schenk ihnen Schutz und deinen Frieden.
Uns alle wirst du sicher führen,
das ew'ge Ziel lass niemanden verlieren. Amen.

(nach Ignaz Klug)

Wolfgang Ipolt
Bischof von Görlitz

In der Gemeinschaft mit Gott verbunden

Erzbischof Dr. Heiner Koch

Du sollst deinen Nächsten lieben wie dich selbst! Mt 19,19

Und wir werden vor ihm unser Herz überzeugen, dass, wenn unser Herz uns verurteilt, Gott größer ist als unser Herz und alles weiß. 1 Joh 3,19–20

Liebe Schwestern und Brüder,
„Du sollst deinen Nächsten lieben wie Dich selbst" (Mt 19,19) – Corona macht es uns nicht einfach mit dieser Nächstenliebe. Zu große körperliche Nähe sollen, ja müssen wir vermeiden, Reisen sollen eingeschränkt, Alte und Kranke können kaum noch besucht werden und die gemeinsamen Feiern der Nähe zu Gott und zueinander in unseren Gottesdiensten können nur unter bestimmten Voraussetzungen stattfinden.
Doch ich bin überzeugt, dass wir gerade in dieser Situation neue Wege finden, einander nah und verbunden zu bleiben. Das wird manchmal nicht einfach, aber gerade wegen dieser Schwierigkeiten werden unsere Kontakte umso wertvoller sein. Wir können Gemeinschaft halten online und in sozialen Netzwerken, per Telefon oder durch einen Brief, der gerade als handgeschriebener für viele so selten geworden ist, aber oft viel ausdrucksstärker ist als manche schnell gesandte Mail. Vielleicht können Sie auch ein selbstgemaltes Bild oder ein Foto beilegen. Ich bin sicher, Sie wissen schon, welche Freude eine Zeichnung auf dem Gesicht des von Ihnen geschätzten Menschen auslöst, auch und vielleicht gerade, wenn das Bild nicht perfekt gelungen ist. Auf jeden Fall können Sie Ihren Nachbarn oder Bekannten verbunden sein, wenn Sie sie fragen, ob sie etwas brauchen, ob Sie für sie etwas einkaufen oder erledigen können.
Es ist mir ein Herzensanliegen, denen zu danken, die in dieser Zeit besonders hohen Herausforderungen und Anstren-

gungen ausgesetzt sind: den Ärztinnen, den Ärzten und den Pflegenden in den Krankenhäusern und Altenheimen, den Forschenden, den politisch und gesellschaftlich Verantwortlichen, denen, die ihre Pflicht engagiert und verlässlich, kraftvoll und besonnen erfüllen in unseren Familien und in ihren Berufen.

Wir halten auch ganz tief die Gemeinschaft miteinander, wenn wir miteinander und füreinander beten. Dann sind wir ganz ausdrücklich mit Gott verbunden, dem tiefsten Band unseres Miteinanders in frohen und in schweren Stunden.

Nicht wenige Fragen: Wo ist denn Gott jetzt in diesem Elend des Coronavirus? Wie kann er all das Leiden und Sterben zulassen? Auch angesichts dieser existentiellen Fragen lerne ich immer tiefer erkennen, dass Gott für meinen kleinen Verstand viel zu groß ist, als dass ich Gott erklären könnte. Gott ist immer größer (vgl. 1 Joh 3,20)! Ich bin auch kein Gottestechniker, der meint, er könne gleichsam an einem Rädchen Gottes ein wenig drehen, dann werde dieser schon so handeln, wie ich es erwarte und wünsche. Gott ist immer größer!

Dieses Jahr 2020 hatte die Osternacht eine ganz besondere Bedeutung für uns. Das Wort Osternacht drückt die ganze Spannung aus, in der wir als Menschen stehen. Es ist Nacht und doch leuchtet mitten in der Nacht das Licht des Osterfeuers auf, das Licht der Auferstehung Christi: Osternacht – damals wie heute mitten in unseren Nächten, Dunkelheiten, in unserem Nicht-Verstehen, in unseren Krankheiten und Ängsten. Auch heute ist Osternacht! Das ist unsere Hoffnung, das gibt uns Mut und Zuversicht auch in den gegenwärtigen „Coronanächten".

Die Lesungen in der Osternacht berichten von der Geschichte Gottes mit uns Menschen: vom ersten Atemzug in der Schöpfung bis zur Auferstehung nach dem letzten

Atemzug. Sie erzählen auch, wie es dem Volk Israel im Exil erging. So wie das Volk Gottes zu Gebet und Versammlung nicht mehr in den Tempel gehen konnte, werden wir uns zu den bevorstehenden christlichen Feiertagen nicht in unseren Kirchen versammeln können. Damit bekommen die sogenannten „kleinen" Kirchen auch in Berlin, Brandenburg und Vorpommern große Bedeutung: Kirche sind Sie in Ihren Familien, in Ihren Hausgemeinschaften und in der Nachbarschaft. Kirche sind wir, wo wir uns im Gebet verbinden, wenn wir uns in diesen Tagen etwa online zusammenschließen oder zu Gebetszeiten verabreden. Wir gehen zusammen durch unsere Zeit und Gott geht mit uns. Ich habe die Pfarrer gebeten, täglich um 18 Uhr die Kirchenglocken als Einladung zum gemeinsamen Gebet des „Engel des Herrn" läuten zu lassen. Wir gehen zusammen, in diesem Gebet auch besonders mit der Gottesmutter, und Gott geht mit uns allen. Seien Sie gewiss, ich bete gerade in dieser Stunde für Sie und mit Ihnen! Nehmen Sie in Ihr Gebet alle Verstorbenen mit hinein und alle Menschen, die keine Aussicht auf Genesung haben. Lassen Sie uns beten auch für die vielen Menschen, die Angst vor dem Virus haben, vor allem für die Älteren und die chronisch Kranken.
Wir gehen als Kirche mit Gott und miteinander durch unsere Zeit. Und wir gehen mit allen Menschen an unserer Seite.
So wie das Virus keine Unterschiede zwischen den Menschen macht, machen wir auch bei der Beantwortung der Frage der Bibel „Wer ist mein Nächster?" (Lk 10,29) keine Unterschiede zwischen den Menschen. Im Gegenteil, wir sind nicht nur als Christinnen und Christen, sondern auch als Bürgerinnen und Bürger zu solidarischem Handeln mit allen Menschen verpflichtet. Unsere Solidarität im gemeinsamen Bemühen, die Ausbreitung dieser Pandemie zu verlangsamen, darf nicht nachlassen. Sie ist ein Zeugnis unserer Ver-

bundenheit und unseres Engagements, unserer Nächstenliebe zu allen Menschen.
Gleichzeitig dürfen wir weiter auf Gott vertrauen. In der Osternacht haben wir die Osterkerze angezündet. In ihr verbindet sich das Kreuz Christi mit dem brennenden Licht der Hoffnung, in ihr verbinden sich Karfreitag und Ostersonntag, das Leiden und Sterben Jesu und seine Auferstehung von den Toten. Wir glauben und bekennen, dass Ostern nicht ohne Karfreitag möglich ist. Wir glauben und bekennen, dass Gott, der uns in seinem Sohn in Leiden und Sterben ganz nah gekommen ist und als unser Mitmensch Verzweiflung und Todesangst am eigenen Leib erfahren hat, von den Toten auferstanden ist. Wir glauben und bekennen den Sieg Gottes über den Tod. Darin ist unser Gottvertrauen begründet.
In diesem Glauben bin ich mit Ihnen, insbesondere mit den Kranken und Alten, im Gebet und im Herzen verbunden.

Dr. Heiner Koch
Erzbischof von Berlin
Hirtenbrief zu Ostern vom 23.03.20

Gottes Geschichte mit mir geht weiter. Er bleibt treu.

Bischof Dr. Peter Kohlgraf

13 Von Paphos fuhr Paulus mit seinen Begleitern ab und kam
nach Perge in Pamphylien. Johannes aber trennte sich von
ihnen und kehrte nach Jerusalem zurück.

DAS WIRKEN DES BARNABAS UND DES PAULUS IN ANTIOCHIA IN PISIDIEN

14 Sie selbst wanderten von Perge weiter und kamen nach
Antiochia in Pisidien. Dort gingen sie am Sabbat in die Syna-
goge und setzten sich. 15 Nach der Lesung aus dem Gesetz und
den Propheten schickten die Synagogenvorsteher zu ihnen
und ließen ihnen sagen: Brüder, wenn ihr ein Wort des
Zuspruchs für das Volk habt, so redet! 16 Da stand Paulus auf,
gab mit der Hand ein Zeichen und sagte: Ihr Israeliten und ihr
Gottesfürchtigen, hört! 17 Der Gott dieses Volkes Israel hat
unsere Väter erwählt und das Volk in der Fremde erhöht, im
Land Ägypten; er hat sie mit hoch erhobenem Arm von dort
herausgeführt 18 und etwa vierzig Jahre durch die Wüste
getragen. 19 Sieben Völker hat er im Land Kanaan vernichtet
und ihr Land ihnen zum Besitz gegeben, 20 für etwa vierhun-
dertfünfzig Jahre. Danach hat er ihnen Richter gegeben bis
zum Propheten Samuel. 21 Dann verlangten sie einen König
und Gott gab ihnen Saul, den Sohn des Kisch, einen Mann aus
dem Stamm Benjamin, für vierzig Jahre. 22 Nachdem er ihn
verworfen hatte, erhob er David zu ihrem König, von dem er
bezeugte: Ich habe David, den Sohn des Isai, als einen Mann

nach meinem Herzen gefunden, der alles, was ich will, voll-
bringen wird. 23 Aus seinem Geschlecht hat Gott dem Volk
Israel, der Verheißung gemäß, Jesus als Retter geschickt.
24 Vor dessen Auftreten hat Johannes dem ganzen Volk Israel
eine Taufe der Umkehr verkündet. 25 Als Johannes aber seinen
Lauf vollendet hatte, sagte er: Ich bin nicht der, für den ihr
mich haltet; aber siehe, nach mir kommt einer, dem die Sanda-
len von den Füßen zu lösen ich nicht wert bin. Apg 13,13–25

Die Apostelgeschichte des Lukas ist für mich ein großes Hoffnungsbuch. Es beschreibt die Jahre nach Ostern, nach der Auferstehung des Herrn, das Wachsen der kleinen Gemeinden, den Mut der Zeuginnen und Zeugen, es spricht von Bedrängnissen und Verfolgungen, und schließlich verschweigt Lukas auch nicht die Konflikte, die von Anfang an die Gemeinden prägen. Es ist ein realistisches Buch, und die oft spannenden Erzählungen durchzieht ein starker Glaube: Der Auferstandene lebt, er geht mit, er sendet seinen Geist, der die Menschen bewegt, tröstet, ermutigt.
Der Abschnitt Apg 13,13–25 ist die Lesung des Donnerstags der vierten Osterwoche. In diesem Jahr hat er mich bei der Feier der Heiligen Messe und der Schriftbetrachtung an diesem Tag sehr bewegt. Natürlich lese ich ihn vor dem Hintergrund dieser besonderen Krisenzeit und den Herausforderungen für viele Menschen, unsere Welt und unsere Kirche. Paulus predigt in der Synagoge in Antiochia in Pisidien, nachdem die Menschen ihn um ein Wort des Zuspruchs gebeten haben. Paulus versucht also Orientierung und Trost zu geben, er will Menschen aufrichten und ihnen Hoffnung zusprechen. Ich begebe mich also unter seine Zuhörer und beginne zu lauschen, was er mir zu sagen hat. In kurzen Sätzen skizziert Paulus die Jahrhunderte der Vergangenheit als Geschichte Gottes mit seinem Volk, das er erwählt hat. Es ist eine Geschichte mit Höhen und Tiefen, Wüstenzeiten und Zeiten der Ruhe. Gott geht durch die Geschichte mit, besonders auch auf den Wegstrecken, die als mühevoll erlebt wer-

den. Er erspart nicht die Wüstenwanderung, aber er schenkt Licht in der Nacht und Orientierung am Tag. Er lässt die Menschen nicht verhungern, und in den Geboten schenkt er ihnen auch geistliche Weisung. Ich lasse die vierzig Jahre der Wüstenwanderung des Volkes Gottes, so wie sie das Buch Exodus erzählt, an meinem inneren Auge vorbeiziehen – und ich kann an vielen Stellen die Menschen gut verstehen. Sie sind ungeduldig, sie murren, sie leiden an den vielen Schwierigkeiten ihres Weges. In diese Klage und Unzufriedenheit stimme ich nicht selten mit ein. Daher ist es gut, sich von Gott selbst immer wieder daran erinnern zu lassen: „Ihr habt gesehen, […] wie ich euch auf Adlerflügeln getragen und zu mir gebracht habe." (Ex 19,4) Er bleibt seinem Bund treu, den er seinem Volk angeboten hat. Er geht den Weg der Menschen mit.

Durch Gottes Gegenwart wird die Geschichte mit ihren Höhen und Tiefen zu einer Geschichte des Heils. Es gibt ein Ziel: das Leben in Gottes Fülle. Durch seine Gegenwart ist diese Verheißung nicht nur eine zukünftige. Es gibt im menschlichen Miteinander die Erfahrung heilender Nähe und tröstender Berührung. Für mich ist auch Gottes Nähe eine solche Quelle des Heils, immer wieder. Die Geschichte Gottes mit den Menschen endet nicht mit den Aposteln, sie zieht sich bis heute durch. Mein Leben versuche ich als einen Teil einer großen Liebesgeschichte – auch so kann ich die Predigt des Paulus verstehen – zu lesen. Auch die schweren Tage des Lebens versuche ich als Teil einer persönlichen Heilsgeschichte zu verstehen, auch wenn das nicht einfach ist. Ich tue mich schwer mit der Rede, dass jede Krise und jede Katastrophe eine Chance in sich bergen. Dennoch schaue ich auf mein Leben zurück, in dem sich schwere und frohe Zeiten abwechseln. Im Nachhinein passen sich viele eher dunkle Tage gut in ein Lebensbild ein,

sie gehören zu mir, und ich habe sie angenommen. Gottes Geschichte mit mir geht weiter, er bleibt treu. Das trägt mich immer wieder durch die Zeiten meines Lebens, auch jetzt. Gott selbst trägt mich, so weiß der Apostel Paulus seinen Zuhörern zu berichten. Es hilft mir, diesen Gedanken mit mir zu nehmen und ihn zu betrachten.
Gott hat einen langen Atem, auch davon spricht Paulus. So ganz passt mir dieser Gedanke nicht, da ich oft ungeduldig werde, gerade in Zeiten der Krise. Paulus spricht von Zeiträumen, in denen Gott die Geschichte scheinbar laufen lässt: mal 40 Jahre, dann 450 Jahre und so fort. Gott hat Geduld mit den Menschen, und ich versuche, etwas von dieser göttlichen Eigenschaft in mein Leben zu bringen. Allerdings wird in der Predigt des Paulus eines deutlich herausgestellt: Die langen Zeiträume sind inhaltlich gefüllte Zeiten, in denen Menschen in seinem Namen Verantwortung übernehmen, seien es Mose, die Richter, die Propheten oder die Könige. Und in den Weisungen vom Sinai übernehmen alle Verantwortung füreinander. In Krisenzeiten hilft mir also das Klagen nur bedingt, und das Selbstmitleid gar nicht. Viele Menschen leben in diesen Tagen ihre Solidarität mit anderen, und dies scheint mir ein guter Weg durch schwere Zeiten zu sein. In einer Krisenzeit darf ich nicht allein um mich kreisen. Gerade wenn ich beginne, die Situation anderer an mich heranzulassen, werde ich zum Guten verändert. Ich erlebe in diesen Tagen, wie sich bei manchen Menschen ihre hervorstechenden Charaktereigenschaften verfestigen und deutlich zutage treten. Menschen mit einem großen Herzen zeigen sich in ihrer Menschenfreundlichkeit, wer wenig für andere übrig hat, bei dem tritt dies derzeit noch stärker hervor. Daher nehme ich mir vor, mich besonders gut im Auge zu haben und Gewissenserforschung zu betreiben. Gott gibt Raum, Verantwortung zu tragen und Gemeinschaft zu för-

dern. Das gibt dann den scheinbar so langen Zeiträumen auch einen Sinn. Gott gibt damit auch Raum zur persönlichen ‚Standortbestimmung' und zur Entfaltung der eigenen guten Gaben für andere Menschen.
Paulus hält eine österliche Predigt, er redet nicht von längst vergangenen Jahren. In Christus, dem Gekreuzigten und Auferstandenen, hat Gott seine Treue gezeigt. In Christus geht er mit. Damals in der Synagoge reagieren die Menschen mit Begeisterung. Das wird im Leben des Paulus nicht immer so sein. Sie sind begeistert, weil sie spüren, dass das Wort Gottes, die Predigt und ihr Leben in eine Beziehung eintreten. Jeder und jede einzelne spürt: Ich bin gemeint, das ist mein Gott, das ist mein Leben. Es gibt in diesen Tagen manchen Text der Heiligen Schrift, der mich neu berührt. Die Krisenzeit will ich als eine Exerzitienzeit gestalten, die mir die Chance zu neuen Glaubenserfahrungen schenkt, auch wenn ich die Früchte nicht schnell sehe.
Ich bete mit diesem Text aus der Apostelgeschichte:

GEBET

Herr, zeige du mir, dass du treu bist. Lass mich glauben, dass du mich und unsere Welt trägst. Lass mich mein Leben als eine gemeinsame Geschichte des Heils gestalten, in der Erfahrung der Liebe Gottes, in der Übernahme von Verantwortung für andere. Schenke mir Geduld und Fantasie, deinen Auftrag zu erkennen. Berühre mich immer wieder durch deine Gegenwart im Wort, in den Sakramenten und der Gemeinschaft der Schwestern und Brüder. Amen.

Dr. Peter Kohlgraf
Bischof von Mainz

Habt Vertrauen!

Reinhard Kardinal Marx

DIE OFFENBARUNG DES GOTTESSOHNES AUF DEM WASSER

22 Gleich darauf drängte er die Jünger, ins Boot zu steigen und
an das andere Ufer vorauszufahren. Inzwischen wollte er die
Leute nach Hause schicken. 23 Nachdem er sie weggeschickt
hatte, stieg er auf einen Berg, um für sich allein zu beten. Als
es Abend wurde, war er allein dort. 24 Das Boot aber war schon
viele Stadien vom Land entfernt und wurde von den Wellen
hin und her geworfen; denn sie hatten Gegenwind. 25 In der
vierten Nachtwache kam er zu ihnen; er ging auf dem See.
26 Als ihn die Jünger über den See kommen sahen, erschraken
sie, weil sie meinten, es sei ein Gespenst, und sie schrien vor
Angst. 27 Doch sogleich sprach Jesus zu ihnen und sagte: Habt
Vertrauen, ich bin es; fürchtet euch nicht! 28 Petrus erwiderte
ihm und sagte: Herr, wenn du es bist, so befiehl, dass ich auf
dem Wasser zu dir komme! 29 Jesus sagte: Komm! Da stieg
Petrus aus dem Boot und kam über das Wasser zu Jesus. 30 Als
er aber den heftigen Wind bemerkte, bekam er Angst. Und als
er begann unterzugehen, schrie er: Herr, rette mich! 31 Jesus
streckte sofort die Hand aus, ergriff ihn und sagte zu ihm: Du
Kleingläubiger, warum hast du gezweifelt? 32 Und als sie ins
Boot gestiegen waren, legte sich der Wind. 33 Die Jünger im
Boot aber fielen vor Jesus nieder und sagten: Wahrhaftig,
Gottes Sohn bist du. Mt 14,22–33

Auf meinem Bischofsstab habe ich eine Szene darstellen lassen, die der Evangelist Matthäus erzählt: Jesus begegnet den Jüngern in einem nächtlichen Sturm auf dem See Gennesaret (Mt 14,22–33). Nach der Speisung der Fünftausend hat Jesus selbst die Jünger gebeten, schon einmal über den See ans andere Ufer zu fahren. Die Jünger sitzen im Boot, als Jesus ihnen nachts über den See entgegenkommt. In dem Moment erschrecken sie und schreien vor Angst, weil sie ihn für ein Gespenst halten. Jesus ruft ihnen zu: „Habt Vertrauen, ich bin es; fürchtet euch nicht!" Und Petrus sagt darauf zu ihm: „Herr, wenn Du es bist, so befiehl, dass ich auf dem Wasser zu dir komme!" Jesus antwortet darauf nur: „Komm!" Petrus steigt aus dem Boot auf das Wasser und das Wasser trägt ihn. Doch als er den heftigen Wind bemerkt, bekommt er Angst, droht unterzugehen und schreit um Hilfe: „Herr, rette mich!" Und Jesus ergreift seine Hände und sagt zu Petrus: „Du Kleingläubiger, warum hast du gezweifelt?" Genau dieser Moment ist auf meinem Bischofsstab zu sehen. Als später alle wieder im Boot sind, beruhigt sich der Wind und die Jünger haben wieder neu Vertrauen gefasst. Zur Zeit Jesu war der See Gennesaret, durch den der Jordan fließt, ein fischreicher See, an dessen Ufern es viele Fischerfamilien gab. Die Menschen dort wussten fachkundig mit Booten umzugehen und kannten den See und alle Wetter vermutlich ziemlich gut. Das wird man auch für die Jünger annehmen können. Umso erstaunlicher ist es doch, dass sie in vertrauter Umgebung und in einem alltäglichen Geschehen so erschrecken können. Noch dazu, wo sie ja wissen, dass Jesus nachkommen wird. Und dass für ihn Unmögliches möglich sein kann, haben sie gerade erst erlebt bei der Speisung der Fünftausend am Ufer des Sees. Wie kann es also sein, dass sie völlig in Angst geraten und das Vertrauen in sich selbst genauso verlieren wie das Vertrauen in Jesus? Das ist – auch wenn wir das vielleicht nicht immer so gerne zugeben wollen – natürlich eine durch und durch menschliche Reaktion, die wir alle kennen: Wir verlieren das Vertrauen und haben Angst wider besseres Wissen und entgegen unserer Erfahrung. Es sind Situationen, die uns irreal oder sogar surreal erscheinen, die wir mit unseren bisherigen Erkenntnissen und Erfahrungen nicht problemlos deuten können. Gerade dann, wenn wir uns sicher wiegen, uns im Gewohnten bewegen, im Alltäglichen, kann uns Ungewohntes und Unbekanntes umso mehr erschrecken. Wir sind eben darauf nicht vorbereitet und das Überraschungsmoment zeigt, dass all unser Wissen, unsere Erfahrung und unser gesammeltes Vertrauen auch Lücken und Risse haben können.

Das haben viele ja auch besonders deutlich erlebt in den ersten Wochen der Corona-Pandemie, die uns alle mehr oder weniger mitten im Gewohnten getroffen hat und zunächst einmal Vieles auf den Kopf gestellt hat, vor allem unseren gewohnten „normalen“ Alltag, der Stabilität gibt, Sicherheit vermittelt, in der Regel einigermaßen gut zu bewältigen ist. Das hat uns erschüttert, geängstigt, unser Vertrauen in andere Menschen, in Politik, Medizin, Forschung und auch in Medien vielfach auf den Prüfstand gestellt. Auch das „normale“ gewohnte Leben als Glaubensgemeinschaft war so auf einmal nicht mehr möglich. Wir mussten neue Formen finden, miteinander zu beten und Gottesdienst zu feiern; und die eine oder der andere wird

auch Zweifel an Gott erlebt haben in diesen schweren Zeiten. Diese Erfahrung kennen wir nicht nur aus „Corona-Zeiten", sondern ganz viele kommen in ihrem Leben in Situationen, in denen das Vertrauen versiegt und die Angst uns im Griff haben kann.
Wir können auch das Vertrauen in Jesus und den Glauben an Gott verlieren. Auch das gehört zum menschlichen Leben. Unser Glaube kann tief erschüttert werden. Viele kennen dieses Gefühl gerade dann, wenn sie im Leben mit Krankheit, mit Leid und auch mit dem Tod in Berührung kommen. Angst, Zweifel und selbst der Unglaube gehören zum Leben der Christen dazu, auch zu meinem Glaubensleben.
Aber Angst haben ist menschlich! Das Vertrauen zu verlieren in uns selbst und in andere ist es ebenso. Und im ersten Moment handeln wir dann auch aus der Angst heraus und schreien im übertragenen Sinn um Hilfe, so wie Petrus es auch tut. Allerdings zeigt vielleicht gerade der Schrei nach Hilfe auch, dass wir irgendwie doch noch darauf vertrauen, dass es Hilfe geben kann, dass unsere Angst besiegt werden kann, dass wir nicht allein sind und dass wir vor allem nicht hilflos ausgeliefert sind.
Wenn ich mich also auf meinen Bischofsstab stütze, dann stütze ich mich im übertragenen Sinn gerade nicht auf einen stolzen, erhabenen, unerschrockenen, allwissenden Glauben, sondern auf den „Senfkornglauben" (vgl. Lk 17,5–6), wie es Jesus an anderer Stelle nennt, einen Glauben, der den Zweifel kennt. Und wenn ich mit meinem Bischofsstab in eine Kirche einziehe, dann ermutigt mich das jedes Mal neu, den Glauben zu wagen – bei allem Zweifel, bei allen Fragen, bei aller Angst. Ich höre das Wort Jesu „Komm!" und darf darauf vertrauen, dass er mich rettet. Ich vertraue darauf, dass die Liebe Jesu stärker ist als all meine Zweifel, als all meine Angst.

Alles verändert sich durch den Glauben, so wie sich alles verändert durch die Liebe. Im Glauben entdecke ich eine neue Freiheit des Denkens und des Lebens. So wie der Satz „Ich liebe dich“ zu den persönlichsten und berührendsten Sätzen des Lebens gehört, so ist es auch im Glauben. Wenn ich zu Jesus Christus sage „Ich glaube Dir“, dann verändert das meine Lebensperspektive. Das Leben bekommt eine andere Qualität, wenn ich lieben und wenn ich glauben kann. Ich weiß, dass ich getragen bin. Ich erkenne, dass ich vertrauen kann.

Mein Leben hat in der Beziehung zu Jesus einen Orientierungspunkt, der mir gerade in schweren Zeiten, in Angst und Zweifel hilft. Ich bin damit auch in einer Gemeinschaft geborgen, die mit mir glaubt und meinen Zweifel aushält. Ich glaube fest daran, dass die Hände Jesu uns gerade dann ergreifen, wenn unser Zweifel, unsere Ungläubigkeit, unser Unglaube so stark werden, dass wir das Gefühl haben, unterzugehen. Das gilt für jeden einzelnen Gläubigen, das gilt aber auch für die Gemeinschaft der Glaubenden. Jesus ruft uns immer wieder zu: „Habt Vertrauen!“ Und wir dürfen ihm vertrauen – im Glauben wie im Leben – und dann auch – im übertragenen Sinne – über das Wasser gehen.

Reinhard Kardinal Marx
Erzbischof von München und Freising

Von Bäumen und Menschen

Bischof Dr. Bertram Meier

DIE HEILUNG EINES BLINDEN BEI BETSAIDA

22 Sie kamen nach Betsaida. Da brachte man einen Blinden zu
Jesus und bat ihn, er möge ihn berühren. 23 Er nahm den Blin-
den bei der Hand, führte ihn vor das Dorf hinaus, bestrich
seine Augen mit Speichel, legte ihm die Hände auf und fragte
ihn: Siehst du etwas? 24 Der Mann blickte auf und sagte: Ich
sehe Menschen; denn ich sehe etwas, das wie Bäume aussieht
und umhergeht. 25 Da legte er ihm nochmals die Hände auf
die Augen; nun sah der Mann deutlich. Er war wiederher-
gestellt und konnte alles ganz genau sehen. 26 Jesus schickte
ihn nach Hause und sagte: Geh aber nicht in das Dorf hi-
nein! Mk 8,22–26

In den Evangelien sind uns viele Blindenheilungen überliefert, doch nur hier entspannt sich während des Heilungsprozesses ein Dialog zwischen Jesus und seinem ‚Patienten'. In dieser etwas rätselhaften Szene werden Menschen zu umhergehenden Bäumen – im Umkehrschluss würde das heißen: Bäume sind stillstehende Menschen.
Dies klingt nur im ersten Moment absurd. Tatsächlich ist die Symbiose, das innige Zusammenleben zwischen Mensch und Baum, eine Urerfahrung, die selbst noch in uns Großstädtern als Sehnsucht lebt. „Bäume sind Heiligtümer"[8], schreibt der Dichter Hermann Hesse. „Wer mit ihnen zu sprechen, wer ihnen zuzuhören weiß, der erfährt die Wahrheit."[9] Ja, Bäume können reden, sie haben viel zu erzählen. Manche von ihnen haben unendlich viel erlebt und gesehen und mitgemacht, haben Wind und Wetter getrotzt und tun es noch immer. Sie haben viel erlitten, aber auch viel übersehen und zu noch mehr geschwiegen.
Das Sprechen mit Bäumen will gelernt sein. Wer Bäumen zuzuhören vermag, lernt, treu zu sein und geduldig. Er weiß, dass Stille und Sturm zum Wachstum notwendig sind. Bäume sind wie reife Menschen, und reife Menschen können sein wie Bäume. Das wusste schon der Beter des ersten Psalms: „Selig der Mann, der […] Gefallen hat an der Weisung des HERRN, […] Er ist wie ein Baum, gepflanzt an

8 Hermann Hesse: Bäume, Frankfurt/M. 2014[3], S. 7.

9 Ebd.

Bächen voll Wasser. [...] Alles, was er tut, es wird ihm gelingen." (Ps 1,1–3)
Beim Anblick eines freistehenden, hochgewachsenen Baumes ergreift uns unwillkürlich eine Art Ehrfurcht und wer ihr nachspürt, kann verstehen, warum unsere Vorfahren in den Bäumen eine göttliche Macht am Werk sahen. Dabei wissen wir heute: Nicht in den Zweigen steckt die Kraft des Baumes, sondern in den Wurzeln. Zum Wachsen braucht der Baum viel Zeit. Nur langsam gräbt er seine Wurzeln in die Erde, ganz allmählich bildet er Stamm und Krone aus, geduldig legt sich ein Jahresring um den anderen. Auch wir Menschen brauchen tiefe Wurzeln, um bestehen zu können. Wurzeln, die in gutes Erdreich eingebettet sind und aus einer gesunden Umwelt ihre Nahrung holen. Menschen ohne Wurzeln tun sich schwer zu stehen. Sie gleichen einem Fähnchen im Wind. Menschen ohne Wurzeln hinterlassen keine Spuren. Sie waren vielleicht ein großer Jemand, aber nur ein kleines Ich. Schon der Prophet Jesaja sagt es uns auf den Kopf hin zu: „Wenn ihr nicht in Gott verwurzelt seid, werdet ihr keinen Halt finden" (nach Jes 7,9).
Gerade jetzt in diesen Frühlingstagen nehme ich gern das Blatt eines Baumes in die Hand, ein Ahorn- oder Lindenblatt. Im Licht betrachtet, faszinieren mich immer neu seine feinen Linien und Strukturen. Und jedes Mal erkenne ich in dem Blatt ein kleines Wunderwerk der Natur, ein Werk unseres Schöpfers. Jedes Blatt ist einzigartig, jedes ein Original. Milliarden Blätter in ungezählten Wäldern haben kein Duplikat. Im Blatt entdecken wir uns selbst. Jeder Mensch ist einmalig. Gott hat uns gewollt und geschaffen – alle und jede/n, nicht als Fotokopie, sondern als Original, als einmaliges Exemplar. So sage ich jeden Morgen vor dem Spiegel: „Gott, ich danke dir, dass ich ein Original bin. Hilf mir, zu mir zu stehen, dann kann ich leichter zu dir stehen."

Das Ziel eines Baumes liegt im Fruchtbringen. Und Fruchtbringen ist auch die Krönung des Lebens für einen Menschen. Doch wir verwechseln das Fruchtbringen gerne mit „Erfolg haben“: Früchte sind das Ergebnis des Wachsens, weniger das Resultat eigenen Bemühens oder eigener Fähigkeit. Früchte sind Gaben des Himmels. Sie wachsen und reifen unter den Bedingungen von Regen, Wind und Sonne. Ein Baum trägt Früchte, nicht Erfolge. Man muss nicht Karrierist sein, um Erreichtes lieber Erfolg zu nennen als Frucht. Doch häufig ist auch das, was wir als unseren Erfolg und unsere Leistung ausgeben, das Ergebnis eines Wachstums, an dem viele andere mitgewirkt haben: Eltern und Lehrer/innen, gute Freund/innen und ehrliche Kolleg/innen. Wenn uns etwas gelungen ist, wenn wir wieder einmal eine gute Ernte eingefahren haben, wenn uns ein Erfolgserlebnis geschenkt wurde, dann freuen auch sie sich über ein kleines Dankeschön. Ein Dankeschön für ihren Beitrag, dass unsere Arbeit Frucht gebracht hat.
Im Herbst lassen die Bäume ihre Blätter fallen. Mehr noch: der Baum hebt nichts auf. Er behält nichts zurück und häuft auch keine Vorräte an. Er lässt seine Früchte und Blätter los, er gibt sie dem Wind und jedem, der an ihm rüttelt, und schenkt seine Kraft dem Boden zurück.
Ein Mensch, der nur darauf aus ist, immer haben und ernten zu wollen, um sich selbst zu verwirklichen, verspielt die Wirklichkeit seines Lebens und wird am Ende sich selbst verlieren. „Denn wer sein Leben retten will, wird es verlieren“, hat Jesus seinen Jüngern mit auf den Weg gegeben. „Wer aber sein Leben um meinetwillen verliert, der wird es finden“ (Mt 16,25). Wer sich im Vielerlei verliert, für den wird alles bald einerlei. Es lohnt sich, sein Herz an Jesus zu verlieren. Wer das tut, gewinnt viel vom Leben.
Der Dichter Hermann Hesse schlüpft einmal in die Haut eines Baumes und lässt ihn sprechen: „Meine Kraft ist das

Vertrauen. [...] Ich lebe das Geheimnis meines Samens zu Ende, nichts andres ist meine Sorge. Ich vertraue, dass Gott in mir ist. Ich vertraue, dass meine Aufgabe heilig ist. Aus diesem Vertrauen lebe ich."[10]

Wer alles vom Leben haben will - erst recht jetzt in der globalen Gefahr einer Virusinfektion -, wer nur für sich leben will, der endet unweigerlich als gnadenloser Egoist. Ein Leben, nur für sich selbst gelebt, ist im Grunde kein Leben. Denn im Leben kommt es nicht auf Besitz und Einfluss an, auf Titel und Mittel, sondern auf die innere Freiheit und das Vertrauen, auf das Loslassen und das Hergeben-Können für andere. Lassen wir uns von dem Blinden im Evangelium anregen, einmal darüber nachzudenken, was wir ganz persönlich mit einem Baum gemeinsam haben, ja mehr noch: was wir von einem Baum lernen können. „Social distancing" heißt seit Wochen die Devise. Wenn wir für Monate, vielleicht sogar Jahre auf das Händeschütteln verzichten müssen und in Zukunft zwei bisher unbekannte Menschen auch bei großer Sympathie vorsichtiger als früher körperliche Nähe zulassen, so muss das nicht nur ein Nachteil sein. Bäume agieren ähnlich, sie üben den rechten Abstand, wie uns Wissenschaftler erklären. Sie geben sich Raum und damit Leben. Allerdings: Bäume dürfen wir auch jetzt gefahrlos umarmen. Die Isländer haben es uns im Februar schon vorgemacht und alle Europäer eingeladen, sich ihrer Wälder zu erinnern. Naturliebhaber und Neugierige waren die ersten hierzulande und vielleicht gibt es mehr als man meint, die ganz verstohlen irgendwo, wo es niemand sieht, einen Baum umarmen und ihm erzählen, was sie bedrückt. Wüsste denn der Blinde, den Jesus sehend macht, so viel von Bäumen, wenn er sich nicht in ihrer Gegenwart geborgen fühlte? Dem hl. Bernhard von

---

10 Hermann Hesse: Bäume, Frankfurt/M. 2014[3], S. 8.

Clairvaux wird das Wort zugeschrieben: „Bäume und Steine werden dich Dinge lehren, die dir kein Mensch sagen kann." Die Schöpfung wird in der christlichen Tradition als das erste Buch der Offenbarung bezeichnet. Zu ihr haben alle Menschen unmittelbaren Zugang, ganz gleich ob und welchen Glauben sie haben. Erinnern wir uns wieder dieser ursprünglichen Botschaft. Dann können wir vielleicht mit neuen Augen und offenem Herzen uns der Bibel zuwenden, die im ersten Buch bereits, der Genesis, von zwei sehr prominenten Bäumen spricht, dem Baum des Lebens und dem Baum der Erkenntnis von Gut und Böse (vgl. Gen 2,4ff).
Als den neuen Baum des Lebens verstehen wir Christen das Kreuz. An einem Baum, am Holz des Kreuzes, ist Jesus gestorben und hat damit die Welt aus den Angeln gehoben. In einem uralten Gebet der Kirche heißt es: „Herr, du hast das Heil der Welt auf das Holz des Kreuzes gegründet. Vom Baum des Paradieses kam der Tod, vom Baum des Kreuzes erstand das Leben."
Wie kein anderes Zeichen macht das Kreuz deutlich: Himmel und Erde verbinden sich, Gott und Mensch sind versöhnt. Das Kreuz ist kein Marterpfahl, sondern unser Lebensbaum. Das feiern wir jeden Sonntag in allen christlichen Kirchen auf der ganzen Welt. Das zeichnen wir uns auf den Leib, wenn wir uns bekreuzigen und wie der Baum oben und unten, rechts und links – die vier Himmelsrichtungen – miteinander zum Zeichen des Heils verbinden.
Ave crux, spes unica – sei gegrüßt, o Kreuz, einzige Hoffnung – dieser Ruf hallt von den Anfängen des Christentums bis in unsere Tage herauf. Setzen wir auf ihn und vertrauen wir Gott unser Leben und unser Schicksal an – jetzt erst recht!

DR. BERTRAM MEIER
BISCHOF VON AUGSBURG

Wer im Schutz des Höchsten wohnt

Bischof Dr. Ulrich Neymeyr

1 Wer im Schutz des Höchsten wohnt, der ruht im Schatten
des Allmächtigen. 2 Ich sage zum HERRN: Du meine Zuflucht
und meine Burg, mein Gott, auf den ich vertraue. 3 Denn er
rettet dich aus der Schlinge des Jägers und aus der Pest des
Verderbens. 4 Er beschirmt dich mit seinen Flügeln, unter sei-
nen Schwingen findest du Zuflucht, Schild und Schutz ist
seine Treue. 5 Du brauchst dich vor dem Schrecken der Nacht
nicht zu fürchten, noch vor dem Pfeil, der am Tag dahinfliegt,
6 nicht vor der Pest, die im Finstern schleicht, vor der Seuche,
die wütet am Mittag. 7 Fallen auch tausend an deiner Seite, dir
zur Rechten zehnmal tausend, so wird es dich nicht treffen.
8 Mit deinen Augen wirst du es schauen, wirst sehen, wie den
Frevlern vergolten wird. 9 Ja, du, HERR, bist meine Zuflucht.
Den Höchsten hast du zu deinem Schutz gemacht. 10 Dir
begegnet kein Unheil, deinem Zelt naht keine Plage. 11 Denn
er befiehlt seinen Engeln, dich zu behüten auf all deinen
Wegen. 12 Sie tragen dich auf Händen, damit dein Fuß nicht
an einen Stein stößt; 13 du schreitest über Löwen und Nattern,
trittst auf junge Löwen und Drachen. 14 Weil er an mir hängt,
will ich ihn retten. Ich will ihn schützen, denn er kennt mei-
nen Namen. 15 Ruft er zu mir, gebe ich ihm Antwort. In der
Bedrängnis bin ich bei ihm, ich reiße ihn heraus und bring ihn
zu Ehren. 16 Ich sättige ihn mit langem Leben, mein Heil lass
ich ihn schauen. Ps 91

Der Psalm 91 wird im Stundengebet der Kirche immer am Sonntagabend in der Komplet gebetet. Am Sonntag, dem Tag des Herrn, wurde die Auferstehung Jesu Christi gefeiert, auf der die Hoffnungskraft unseres Glaubens gründet. Der Sonntag ist ein freier Tag zur Ehre des Herrn, an dem im Sakrament der Eucharistie die Gemeinschaft mit dem auferstandenen Herrn gefeiert worden ist. Am Abend dieses Tages geht mancher Gedanke schon in die werktägliche Woche, die am Montag beginnt. Da ist es gut, sich am Abend zu vergewissern, dass wir bei Gott geborgen sind und dass an seinem Segen alles gelegen ist, was wir uns für die Woche vorgenommen haben.
Am Abend des 15. März 2020 hat mich ein Vers aus diesem Psalm ganz besonders angesprochen. Der Sonntagsgottesdienst, den ich am Morgen gefeiert habe, hat unter außergewöhnlichen Umständen stattgefunden. Die Schutzmaßnahmen vor dem Corona-Virus waren zwei Tage zuvor beschlossen und verhängt worden. In manchen Teilen Thüringens war es noch gestattet, mit maximal 50 Gläubigen die Heilige Messe zu feiern. Exakt 49 Gläubige waren zusammengekommen und verteilten sich mit großem Abstand über das Kirchenschiff und die Empore. Es war eine beklemmende Erfahrung, dass die meisten Katholiken an diesem Sonntag im Bistum Erfurt die Eucharistie nicht mitfeiern konnten. Es zeichnete sich bereits ab, dass zur Bekämpfung des Corona-Virus alle Versammlungen, auch in Kirchen, grundsätzlich verboten werden mussten. Und dann betete

ich am Abend im Psalm 91: Du brauchst dich nicht zu fürchten „vor der Pest, die im Finstern schleicht, vor der Seuche, die wütet am Mittag“ (Vers 6). Bis dahin hatte ich immer gedacht, Seuchen gäbe es nur in anderen Ländern. Während der Ebola-Seuche, die in vielen afrikanischen Ländern wütete, habe ich bei diesem Psalm immer an die Menschen dort gedacht. Nun hat das Corona-Virus nicht nur eine Epidemie verursacht, sondern eine Pandemie. In beiden Begriffen steckt das griechische Wort „demos“ für Volk, das wir aus dem Begriff Demokratie kennen. Eine Epidemie legt sich auf ein Volk, eine Pandemie betrifft alle Völker. Den Begriff Seuche verwenden wir hierzulande nur noch für Erkrankungen von Tieren. Es hat sich aus dem Mittelhochdeutschen „Siech“ entwickelt, das schwach und krank bedeutet und heute noch im Begriff des „Siechens“ vorkommt. Tatsächlich offenbarte das Corona-Virus die Anfälligkeit und Schwäche des Menschen auch in hochzivilisierten Gesellschaften und rief eine Krankheit hervor, die das Gesundheitssystem auch in Industrieländern überforderte. Mit dem Gebet des Psalms 91 werde ich von jetzt an immer die Erfahrungen der Corona-Pandemie verbinden.

Im Vers 6 des Psalms 91 ist nicht nur von der Seuche die Rede, die am Mittag wütet, sondern auch von der Pest, die im Finstern schleicht. Gott sei Dank ist die Pest, die viele Jahrhunderte eine große Geisel der Menschheit war, ausgerottet worden. Dafür gibt es eine neue Krankheit, die viele Menschen befällt und vor der viele Angst haben. Trotz intensivster medizinischer Bemühungen ist es noch nicht gelungen, ein Heilmittel gegen den Krebs zu finden. Es gibt zwar Therapien für Krebserkrankte, aber die Angst vor der Widerkehr der Krankheit begleitet sie ein Leben lang. Neben den Gefahren, die den Menschen durch Krankheiten oder Seuchen drohen, benennt Psalm 91 auch die Gefahr, die den Menschen durch Gewalt droht. Er spricht von der Furcht „vor dem Pfeil, der am Tag dahinfliegt“ (Vers 5). Auch mit diesem Vers verbinde ich ein festes Datum, nämlich den 14. Mai 1981. Es war der Tag nach dem Attentat auf den Heiligen Papst Johannes Paul II. am 13. Mai 1981. Damals war ich Theologiestudent im Mainzer Priesterseminar. Am Tag nach dem Attentat fand im überfüllten Mainzer Dom ein Bittgottesdienst für den schwerverletzten Papst statt. Der damalige Bischof von Mainz, Hermann Kardinal Volk, hielt eine seiner vielen beeindruckenden Predigten. Ein Satz aus dieser Predigt hat sich mir fest eingeprägt. Kardinal Volk sagte: „Niemand kann uns aus der Hand Gottes schießen.“ Diesen Satz verbinde ich mit meinen Gebeten für die Menschen, deren Leben und Gesundheit bedroht ist durch Gewalt, Terror und Krieg.

Schließlich benennt Psalm 91 weitere Gefahren, die den Menschen damals drohten, nämlich die Gefahr durch Tiere. In Vers 13 werden Löwen und Nattern benannt. Vor allem die Nattern sind für die Menschen im Wüstenstaat Israel eine ständige Bedrohung. Der Prophet Jesaja beschreibt das messianische Friedensreich als ein Zukunftsort, an dem es diese Gefahren nicht mehr gibt: „Der Säugling spielt vor dem Schlupfloch der Natter und zur Höhle der Schlange streckt das Kind seine Hand aus.“ (Jes 11,8) Die Apostelgeschichte berichtet davon, dass sich die besondere Erwählung des Apostels Paulus darin zeigt, dass ihm nach einem Schiffbruch auch eine Natter nichts antun konnte: „Als Paulus einen Haufen Reisig zusammenraffte und auf das Feuer legte, fuhr infolge der Hitze eine Viper heraus und biss sich an seiner Hand fest. Als die Einheimischen das Tier an seiner Hand hängen sahen, sagten sie zueinander: Dieser Mensch ist gewiss ein Mörder; die Rachegöttin lässt ihn nicht leben, obwohl er dem Meer entkommen ist. Er aber

schüttelte das Tier von sich ab ins Feuer und erlitt keinen Schaden. Da erwarteten sie, er werde anschwellen oder plötzlich tot umfallen. Als sie aber eine Zeitlang gewartet hatten und sahen, dass ihm nichts Schlimmes geschah, änderten sie ihre Meinung und sagten, er sei ein Gott.“ (Apg 28,3–6)
Das Leben der Menschen hierzulande ist durch Tiere kaum noch gefährdet, wohl aber durch den Autoverkehr, dem jedes Jahr über 3.000 Menschen zum Opfer fallen. Das Gebet für sie verbinde ich auch mit dem Gebet des Psalms 91.
Psalm 91 beschreibt nicht nur die Gefahren, die den Menschen drohen, sondern er beschreibt auch in beeindruckenden Hoffnungsbildern die Geborgenheit des Menschen bei Gott. Es beginnt mit dem Satz: „Wer im Schutz des Höchsten wohnt, der ruht im Schatten des Allmächtigen.“ (Vers 1)
Den Schatten kann man nicht anfassen. Auch Gott bleibt uns Menschen unbegreiflich. Trotzdem schützt der Schatten unser Leben vor der Sonne, was besonders in heißen Ländern unersetzlich ist. Dem Propheten Jona genügte schon der Schatten eines kleinen Rizinusstrauches, um ihn von seinem Missmut zu befreien (Jona 4,6). In Psalm 36 heißt es: „Wie köstlich ist deine Liebe, Gott! Menschen bergen sich im Schatten deiner Flügel.“ (Ps 36,8) Natürlich kennt die Bibel auch die Erfahrung, dass der Schatten Dunkelheit und Kälte verbreitet und ein Bild für den Tod sein kann. Im Morgengebet der Kirche wird das Benedictus gesungen, der Lobgesang des Zacharias nach der Geburt seines Sohnes, Johannes des Täufers: „Durch die barmherzige Liebe unseres Gottes wird uns besuchen das aufstrahlende Licht aus der Höhe, um allen zu leuchten, die in Finsternis sitzen und Schatten des Todes, und unsere Schritte zu lenken auf den Weg des Friedens.“ (Lk 1,78–79)
Ein weiteres Hoffnungsbild für die Geborgenheit bei Gott, das die Bibel häufig verwendet, findet sich im Psalm 91 zwei-

mal: „Ja, du HERR bist meine Zuflucht.“ (Vers 9) Die Beter des Psalms, der wohl etwa 500 Jahre vor Christus entstanden ist, verbanden mit dem Begriff Zuflucht einen ganz besonderen Ort, nämlich den Tempel. Wer zu Unrecht verfolgt wurde, konnte im Tempel so lange Asyl finden, bis gerichtlich geprüft war, ob die Vorwürfe gegen ihn berechtigt waren.

Dass glaubende Menschen bei Gott Zuflucht und Sicherheit finden, drückt sich auch im Bild von der Burg aus. Die beiden Begriffe Zuflucht und Burg werden in den Psalmen häufig gemeinsam verwendet, so wie in Vers 2: „Du meine Zuflucht und meine Burg, mein Gott, auf dem ich vertraue.“ Die vielen Burgen, die es hierzulande gibt, schaffen uns leicht einen Zugang zu diesem Bild. In unserer deutschen Sprache schwingt mit, dass die Begriffe Burg und Bergen miteinander verwandt sind. Die Burg ist ein Ort der Geborgenheit vor den vielen Gefahren, die unserem menschlichen Leben drohen.

Ein weiteres schönes Hoffnungsbild auf die Geborgenheit bei Gott wird in Vers 4 beschrieben: „Er beschirmt dich mit seinen Flügeln, unter seinen Schwingen findest du Zuflucht.“ Dieses Bild ist inspiriert von der Beobachtung, dass Vögel ihre Jungen unter ihren Flügeln bergen, wir sagen im deutschen Sprichwort „unter ihre Fittiche nehmen“. In einem Lied des Mose im Buch Deuteronomium ist sehr eindrücklich beschrieben, dass Gott wie ein Vogel sein Volk unter seine Fittiche nimmt: „Der HERR nahm sich sein Volk als Anteil, Jakob wurde sein Erbteil. Er fand ihn in der Steppe, in der Wüste, wo wildes Getier heult. Er hüllte ihn ein, gab auf ihn Acht und hütete ihn wie seinen Augenstern, wie ein Adler sein Nest ausführt und über seinen Jungen schwebt, seine Schwingen ausbreitet, eines von ihnen aufnimmt und es auf seinem Gefieder trägt.“ (Dtn 32,9–11)

Schließlich begegnet in Psalm 91 auch das Bild von Gott als einem Schild: „Schild und Schutz ist seine Treue." (Vers 4) Das Schild war in biblischer Zeit die klassische Abwehrwaffe gegen Angriffe von Hieb- und Stoßwaffen sowie von Pfeilen. Wegen seiner schützenden Funktion wurde das Schild auch als Bild für Gottes Handeln am Menschen verwendet. So heißt es im Psalm 5: „Denn du, HERR segnest den Gerechten, wie mit einem Schild deckst du ihn mit Gnade." (Ps 5,13)
Das eindrücklichste Hoffnungsbild für die Geborgenheit bei Gott bringt Psalm 91 erst am Schluss zur Sprache: „Er befiehlt seinen Engeln, dich zu behüten auf all deinen Wegen. Sie tragen dich auf Händen, damit dein Fuß nicht an einen Stein stößt." (Ps 91,11–12) Felix Mendelssohn Bartholdy hat diesen Vers für sein Oratorium Elias vertont: „Denn er hat seinen Engeln befohlen über dir, dass sie dich behüten auf allen deinen Wegen." Die wunderbare Melodie, die Felix Mendelssohn Bartholdy zu diesen Versen geschaffen hat, ist eine Herausforderung für alle Chöre, die damit Psalm 91 zum Klingen bringen. Auch damit verbinde ich wieder ein Datum, nämlich den 16. November 2014. Nachdem ich 1976 ins Mainzer Priesterseminar eingetreten war und seit 1982 als Diakon, Priester und Weihbischof sehr gerne im Bistum Mainz tätig war, wurde ich an diesem Tag im Mainzer Dom verabschiedet, um Bischof von Erfurt zu werden. Dass der Mainzer Domchor das wunderbare Stück von Felix Mendelssohn Bartholdy zum Schluss gesungen hat, hat mir alle Sorgen und Befürchtungen genommen.
Die lyrische Qualität des gesamten Psalms 91 zeigt sich auch darin, dass der Psalm mittlerweile sieben Mal vertont worden ist. Im Gotteslob (GL 423) steht die Vertonung von Michael Vehe aus dem Jahre 1537.

GEBET

Wer unterm Schutz des Höchsten steht, im Schatten des Allmächtgen geht,
wer auf die Hand des Vaters schaut, sich seiner Obhut anvertraut,
der spricht zum Herrn voll Zuversicht: „Du meine Hoffnung und mein Licht,
mein Hort, mein lieber Herr und Gott, dem ich will trauen in der Not".

Er weiß, dass Gottes Hand ihn hält, wo immer ihn Gefahr umstellt;
kein Unheil, das im Finstern schleicht, kein nächtlich Grauen ihn erreicht.
Denn seinen Engeln Gott befahl, zu hüten seine Wege all,
dass nicht sein Fuß an einen Stein anstoße und verletzt mög sein.

Denn dies hat Gott uns zugesagt: „Wer an mich glaubt, sei unverzagt,
weil jeder meinen Schutz erfährt; und wer mich anruft, wird erhört.
Ich will mich zeigen als sein Gott, ich bin ihm nah in jeder Not;
des Lebens Fülle ist sein Teil, und schauen wird er einst mein Heil".

DR. ULRICH NEYMEYR
BISCHOF VON ERFURT

Corona und die Grabeshöhlen der Menschheit

Bischof Dr. Stefan Oster

DIE AUFERWECKUNG DES LAZARUS

1 Ein Mann war krank, Lazarus aus Betanien, dem Dorf der
Maria und ihrer Schwester Marta. 2 Maria war jene, die den
Herrn mit Öl gesalbt und seine Füße mit ihren Haaren abge-
trocknet hatte; deren Bruder Lazarus war krank. 3 Daher sand-
ten die Schwestern Jesus die Nachricht: Herr, sieh: Der, den
du liebst, er ist krank. 4 Als Jesus das hörte, sagte er: Diese
Krankheit führt nicht zum Tod, sondern dient der Verherrli-
chung Gottes. Durch sie soll der Sohn Gottes verherrlicht
werden. 5 Jesus liebte aber Marta, ihre Schwester und Lazarus.
6 Als er hörte, dass Lazarus krank war, blieb er noch zwei Tage
an dem Ort, wo er sich aufhielt. 7 Danach sagte er zu den Jün-
gern: Lasst uns wieder nach Judäa gehen. 8 Die Jünger sagten
zu ihm: Rabbi, eben noch suchten dich die Juden zu steinigen
und du gehst wieder dorthin? 9 Jesus antwortete: Hat der Tag
nicht zwölf Stunden? Wenn jemand am Tag umhergeht,
stößt er nicht an, weil er das Licht dieser Welt sieht; 10 wenn
aber jemand in der Nacht umhergeht, stößt er an, weil das
Licht nicht in ihm ist. 11 So sprach er. Dann sagte er zu ihnen:
Lazarus, unser Freund, schläft; aber ich gehe hin, um ihn auf-
zuwecken. 12 Da sagten die Jünger zu ihm: Herr, wenn er
schläft, dann wird er gesund werden. 13 Jesus hatte aber von
seinem Tod gesprochen, während sie meinten, er spreche von
dem gewöhnlichen Schlaf. 14 Darauf sagte ihnen Jesus unver-
hüllt: Lazarus ist gestorben. 15 Und ich freue mich für euch,
dass ich nicht dort war; denn ich will, dass ihr glaubt. Doch
wir wollen zu ihm gehen. 16 Da sagte Thomas, genannt Didy-

mus, zu den anderen Jüngern: Lasst uns mit ihm gehen, um
mit ihm zu sterben! 17 Als Jesus ankam, fand er Lazarus schon
vier Tage im Grab liegen. 18 Betanien war nahe bei Jerusalem,
etwa fünfzehn Stadien entfernt. 19 Viele Juden waren zu
Marta und Maria gekommen, um sie wegen ihres Bruders zu
trösten. 20 Als Marta hörte, dass Jesus komme, ging sie ihm
entgegen, Maria aber blieb im Haus sitzen. 21 Marta sagte zu
Jesus: Herr, wärst du hier gewesen, dann wäre mein Bruder
nicht gestorben. 22 Aber auch jetzt weiß ich: Alles, worum du
Gott bittest, wird Gott dir geben. 23 Jesus sagte zu ihr: Dein
Bruder wird auferstehen. 24 Marta sagte zu ihm: Ich weiß,
dass er auferstehen wird bei der Auferstehung am Jüngsten
Tag. 25 Jesus sagte zu ihr: Ich bin die Auferstehung und das
Leben. Wer an mich glaubt, wird leben, auch wenn er stirbt,
26 und jeder, der lebt und an mich glaubt, wird auf ewig nicht
sterben. Glaubst du das? 27 Marta sagte zu ihm: Ja, Herr, ich
glaube, dass du der Christus bist, der Sohn Gottes, der in die
Welt kommen soll. 28 Nach diesen Worten ging sie weg, rief
heimlich ihre Schwester Maria und sagte zu ihr: Der Meister
ist da und lässt dich rufen. 29 Als Maria das hörte, stand sie
sofort auf und ging zu ihm. 30 Denn Jesus war noch nicht in
das Dorf gekommen; er war noch dort, wo ihn Marta getrof-
fen hatte. 31 Die Juden, die bei Maria im Haus waren und sie
trösteten, sahen, dass sie plötzlich aufstand und hinausging.
Da folgten sie ihr, weil sie meinten, sie gehe zum Grab, um
dort zu weinen. 32 Als Maria dorthin kam, wo Jesus war, und
ihn sah, fiel sie ihm zu Füßen und sagte zu ihm: Herr, wärst
du hier gewesen, dann wäre mein Bruder nicht gestorben.
33 Als Jesus sah, wie sie weinte und wie auch die Juden wein-
ten, die mit ihr gekommen waren, war er im Innersten erregt
und erschüttert. 34 Er sagte: Wo habt ihr ihn bestattet? Sie
sagten zu ihm: Herr, komm und sieh! 35 Da weinte Jesus.
36 Die Juden sagten: Seht, wie lieb er ihn hatte! 37 Einige aber

sagten: Wenn er dem Blinden die Augen geöffnet hat, hätte er
dann nicht auch verhindern können, dass dieser hier starb? 38
Da wurde Jesus wiederum innerlich erregt und er ging zum
Grab. Es war eine Höhle, die mit einem Stein verschlossen
war. 39 Jesus sagte: Nehmt den Stein weg! Marta, die Schwes-
ter des Verstorbenen, sagte zu ihm: Herr, er riecht aber schon,
denn es ist bereits der vierte Tag. 40 Jesus sagte zu ihr: Habe ich
dir nicht gesagt: Wenn du glaubst, wirst du die Herrlichkeit
Gottes sehen? 41 Da nahmen sie den Stein weg. Jesus aber
erhob seine Augen und sprach: Vater, ich danke dir, dass du
mich erhört hast. 42 Ich wusste, dass du mich immer erhörst;
aber wegen der Menge, die um mich herumsteht, habe ich es
gesagt, damit sie glauben, dass du mich gesandt hast. 43 Nach-
dem er dies gesagt hatte, rief er mit lauter Stimme: Lazarus,
komm heraus! 44 Da kam der Verstorbene heraus; seine Füße
und Hände waren mit Binden umwickelt und sein Gesicht
war mit einem Schweißtuch verhüllt. Jesus sagte zu ihnen:
Löst ihm die Binden und lasst ihn weggehen! 45 Viele der
Juden, die zu Maria gekommen waren und gesehen hatten,
was Jesus getan hatte, kamen zum Glauben an ihn. Joh 11,1-45

So spricht GOTT, der Herr: Siehe, ich öffne eure Gräber und
hole euch, mein Volk, aus euren Gräbern herauf. Ich bringe
euch zum Ackerboden Israels. 13 Und ihr werdet erkennen,
dass ich der HERR bin, wenn ich eure Gräber öffne und euch,
mein Volk, aus euren Gräbern heraufhole. 14 Ich gebe meinen
Geist in euch, dann werdet ihr lebendig und ich versetze euch
wieder auf euren Ackerboden. Dann werdet ihr erkennen,
dass ich der HERR bin. Ich habe gesprochen und ich führe es
aus – Spruch des HERRn. Ez 37,12b-14

Liebe Schwestern und Brüder im Glauben,
allein viermal haben wir in der ersten Lesung aus dem Buch des Propheten Ezechiel das Wort „Gräber“ gehört. Gott verheißt: Ich öffne eure Gräber, ich hole euch aus euren Gräbern herauf. Und im heutigen Evangelium geht Jesus zum Grab des Lazarus, zur Grabeshöhle und holt ihn da aus dem Tod zurück – obwohl er schon vier Tage in seiner Grabeshöhle gelegen war. Dies ist das letzte, das spektakulärste Zeichen im Johannesevangelium, das Jesus wirkt, ehe er seinem eigenen Leiden entgegengeht.

„Kommt und seht“ – Die Heimat Jesu

Ich möchte mit Ihnen über zwei Details nachdenken, die mir im Gebet mit diesem Evangelium neu aufgegangen sind. Da ist einmal das Wort „Komm und sieh“ – Es ist hier die Antwort, die Jesus bekommt auf die Frage: „Wo habt ihr ihn bestattet?“ Und sie führen den erschütterten und weinenden Jesus zum Grab des Lazarus. Warum ist das auffällig? Weil diese Worte: „Komm und sieh!“ fast identisch sind mit den allerersten Worten, die Jesus im Johannes-Evangelium überhaupt sagt. Johannes, der Täufer hatte seine Jünger auf Jesus hingewiesen mit den Worten: „Seht das Lamm Gottes!“ Die Jünger des Täufers gehen Jesus daraufhin nach und fragen ihn: „Rabbi [...], wo wohnst du? (Joh 1,38)“ Und er sagt seine ersten Worte in diesem Evangelium: „Kommt und seht!“ Und die Jünger gehen mit und im Bleiben bei ihm an diesem Nachmittag dürfen sie erkennen, dass er der ist, der beim Vater wohnt, der vom Vater kommt. Sie verstehen, dass er wirklich der Messias ist. Das heißt für uns: Wenn wir zu ihm kommen, zu Jesus, und wenn wir sehen lernen mit dem Herzen, werden wir mit ihm eine innere Heimat bekommen, wir werden mit ihm dorthin finden, wo er innerlich wohnt – im Haus des Vaters, in einem Leben, das nie mehr aufhört.

„Komm und sieh" – Zum Grab

Aber in dieser Szene des heutigen Evangeliums vom toten Lazarus, da ist die Bewegungsrichtung eine genau umgekehrte. Die Menschen sagen jetzt zu ihm: „Komm und sieh!" und er geht in die Nähe des Todes. Wo wohnen denn wir Menschen? Vor allem, wo wohnen wir ohne Gott? Wir wohnen in der Verlorenheit, beim Grab oder schon im Grab. Die Menschen damals sind verzweifelt über den Tod des Lazarus! Und Jesus kommt und sieht, weil er erschüttert ist über ihre Not und ihre Trauer. Er geht hinein in ein Reich, in dem der Tod herrscht – nicht das Leben. Und das ist nicht dort, wo er selbst wohnt. Aber wir sehen so eine Bewegung Jesu hinaus in das Reich des Todes oft im Evangelium, sein Hingehen zu denen, die den Todesgeruch buchstäblich an sich tragen: die Leprakranken etwa; oder auch die gesellschaftlich schon Toten, wie die Zöllner – oder wie der tatsächlich in den Grabeshöhlen hausende Besessene von Gerasa (Lk 8,27). Wir sehen: Jesus geht in unsere Verlorenheit, die vom Tod bedroht ist – um uns in ein Leben zurückzuholen, das größer ist als alles, was wir durchschnittlich für Leben halten.

Die Liebe der Maria von Betanien

Und das zweite, was mir aufgefallen ist: Jesus reagiert tief erschüttert, im Innersten erregt. Und er weint – und erst jetzt, nach dieser inneren Erschütterung, geht er zum Grab, um das Unfassbare zu tun. Aber wann geschieht diese heftige Erschütterung beim Herrn? Sie passiert erst, nachdem Maria zu ihm gekommen war. Ihre Schwester Marta hatte schon ihr Glaubensbekenntnis abgelegt, schon bekannt, dass er der Messias ist. Aber von Maria lesen wir an mehreren Stellen des Evangeliums, dass sie diejenige war, die in einer Art Herzensfreundschaft mit dem Herrn gelebt hat. Sie war es, die sich ihm einfach zu Füßen gesetzt und ihm zugehört hatte, als Jesus zu Besuch war. Sie war es, die vor seinem Tod einfach ein Pfund kostbarstes Nardenöl über seine Füße ausgoss, sie salbte und mit ihren Haaren trocknete – Öl im Wert eines Jahreslohnes eines Arbeiters in der Antike. Wir spüren daran: sie liebt ihn einfach über alles. Und er spürt, wie sie ihn versteht. Und er reagiert auf ein Verhalten, dass existenziell aus der Tiefe ihres Herzens kommt. Und jetzt, liebe Schwestern und Brüder, jetzt verstehen wir vielleicht, dass es nicht gleichgültig ist, ob uns Jesus interessiert oder nicht, ob wir ihm vertrauen oder nicht, ob wir Sehnsucht nach seiner Nähe haben oder nicht. Wir spüren, wie seine Antwort auf Maria auch eine Antwort ist aus der inneren Qualität dieser Beziehung. Jesus will uns ja heimholen in sein Reich, ins Reich des Vaters. Es ist das Reich, in dem Er mit dem Vater König ist – aber in diesem Reich herrschen Liebe, Wahrhaftigkeit, Friede, Freude – die allesamt aus dem Herzen ihrer Bewohner kommen. „Ich hole euch aus euren Gräbern“ sagt der Prophet Ezechiel und ergänzt an anderer Stelle: „Ich gebe euch ein neues Herz und einen neuen Geist gebe ich euch in euer Inneres.“ (Ez 36,26)

Der Glaube, der ins Leben führt

All dieses, liebe Schwestern und Brüder, wird biblisch in dem großen Wort Glaube zusammengefasst: Jemandem vertrauen, jemandem das Herz geben und zugleich wissen, wem man vertraut. So war Maria von Betanien. Und Sie spüren jetzt vielleicht auch, wie wesentlich es ist, im Glauben zu sein und im Glauben zu wachsen. Weil der Glaube uns wirklich ins Leben führt.

Die Anfechtung des Glaubens

Aber eben: Dieser unser Glaube ist angefochten, jetzt in dieser Krisenzeit besonders. Gibt es Gott wirklich? Ist Jesus wirklich da, trotz Corona? Kürzlich habe ich einen Film wieder angesehen, eine biographische Verfilmung über den großen Christen und Schriftsteller C. S. Lewis. Er muss erleben, wie seine von ihm über alles geliebte Frau an einem Krebsleiden stirbt und zuvor furchtbar leidet. Und in dieser Zeit seines Ringens, in seiner Trauer, seiner Verzweiflung, in seiner Anfechtung fragt er sich zweifelnd: Oder sind wir nicht vielleicht doch nur wie Ratten in Gottes großem Experimentierkäfig? Auf unser Evangelium übertragen könnte es lauten: Oder wird unsere Welt am Ende doch nicht mehr sein als nur ein großes Grab, ein riesiger Friedhof – und eben nichts mehr. Ohne jeden tieferen Sinn? Ist die Corona-Krise am Ende nicht doch ein deutliches Signal dafür, dass wir alle, die ganze Welt dem Ende entgegen gehen – und nicht mehr als nur diesem Ende? Und sind wir nicht alle schon in Grabesnähe? Sitzen wir nicht alle im selben Grab, die ganze Welt? Letztlich totgeweiht und nicht mehr? Und sind viele Menschen in Zeiten wie diesen nicht auch besonders von Zweifeln wie diesen bedrängt?

Wir brauchen einander!

Vielleicht ahnen Sie jetzt, liebe Schwestern und Brüder, wie sehr wir den Glauben brauchen, wie sehr die Welt unseren Glauben braucht, wie sehr wir Jesus brauchen, der in unsere Gräber mit hinabsteigt, in unser Kranksein, in unser Gefühl der Verlorenheit. Wir brauchen Glauben und wir brauchen einander im Glauben. Stärken wir uns gegenseitig, indem wir uns gerade jetzt davon erzählen, wie wir glauben, was uns stärkt im Glauben, was uns bewegt. Wir sind es nicht sehr gewohnt, davon zu sprechen – aber womöglich hilft uns der Herr gerade jetzt zu sehen, was wesentlicher ist als alles andere? Vielleicht hilft er uns zu sehen, wo er wohnt und wie wir mit dem Herzen da hinfinden können. Und wie wir einander helfen können, diese innere Tür aufzumachen. Liebe Schwestern, liebe Brüder, ich bin überzeugt, diese Liebe, die von Jesus kommt, die ihn in die menschliche Gräberlandschaft gehen lässt, diese Liebe ist stärker als der Tod. Und wenn wir davon berührt sind, dann zeigen auch wir unserem Nächsten gegenüber, dass wir die sind, die Hoffnung haben, die Glauben haben, die ein inneres Daheim bei Jesus haben. Schenken wir einander Zeit, Aufmerksamkeit, echtes Zuhören – in unseren Familien – und auf anderen Wegen auch denen, die gerade allein sind. Bieten wir unsere Hilfe an – und hören wir nicht auf zu beten. Bitten wir den Herrn täglich neu, unser Herz zu verwandeln, auf das wir jetzt schon immer wieder im Herzen erahnen dürfen, was es heißt, bei Ihm zu wohnen. Liebe Schwestern und Brüder, Gott segne Sie in dieser Zeit – danke von Herzen für jedes Gebet. Und bleiben wir verbunden mit Ihm, untereinander – und mit denen, die uns jetzt am meisten brauchen. Amen.

GEBET

Herr, Jesus Christus, wir vertrauen darauf, dass Du Pläne des Heils für uns alle hast. Wir glauben, dass Du Herr bist und bleibst, in allen Situationen unseres Lebens, ob wir Freude und Hoffnung haben oder Trauer und Angst empfinden. Wir vertrauen, dass Du der Herr bist über Leben und Tod. Wir bitten Dich: Stärke dieses Vertrauen, stärke unseren Glauben, schenke uns Trost in den Stunden des Leidens, des Fragens und der Zweifel. Und gib uns die Kraft auch andere zu trösten. Lass uns Zeugen Deiner Auferstehung sein. Amen.

Dr. Stefan Oster SDB
Bischof von Passau
Predigt zum 5. Fastensonntag am 29.03.2020

Von lähmender Angst zu gläubiger Freiheit

Bischof Dr. Franz-Josef Overbeck

DIE ERSTE ABSCHIEDSREDE. FORTGANG UND NEUES KOMMEN JESU

1 Euer Herz lasse sich nicht verwirren. Glaubt an Gott und
glaubt an mich! 2 Im Haus meines Vaters gibt es viele Woh-
nungen. Wenn es nicht so wäre, hätte ich euch dann gesagt:
Ich gehe, um einen Platz für euch vorzubereiten? 3 Wenn ich
gegangen bin und einen Platz für euch vorbereitet habe,
komme ich wieder und werde euch zu mir holen, damit auch
ihr dort seid, wo ich bin. 4 Und wohin ich gehe – den Weg
dorthin kennt ihr. 5 Thomas sagte zu ihm: Herr, wir wissen
nicht, wohin du gehst. Wie können wir dann den Weg ken-
nen? 6 Jesus sagte zu ihm: Ich bin der Weg und die Wahrheit
und das Leben; niemand kommt zum Vater außer durch
mich. 7 Wenn ihr mich erkannt habt, werdet ihr auch meinen
Vater erkennen. Schon jetzt kennt ihr ihn und habt ihn gese-
hen. 8 Philippus sagte zu ihm: Herr, zeig uns den Vater; das
genügt uns. 9 Jesus sagte zu ihm: Schon so lange bin ich bei
euch und du hast mich nicht erkannt, Philippus? Wer mich
gesehen hat, hat den Vater gesehen. Wie kannst du sagen:
Zeig uns den Vater? 10 Glaubst du nicht, dass ich im Vater bin
und dass der Vater in mir ist? Die Worte, die ich zu euch sage,
habe ich nicht aus mir selbst. Der Vater, der in mir bleibt, voll-
bringt seine Werke. 11 Glaubt mir doch, dass ich im Vater bin
und dass der Vater in mir ist; wenn nicht, dann glaubt auf-
grund eben dieser Werke! 12 Amen, amen, ich sage euch: Wer
an mich glaubt, wird die Werke, die ich vollbringe, auch voll-
bringen und er wird noch größere als diese vollbringen, denn

ich gehe zum Vater. 13 Alles, um was ihr in meinem Namen
bitten werdet, werde ich tun, damit der Vater im Sohn ver-
herrlicht wird. 14 Wenn ihr mich um etwas in meinem Namen
bitten werdet, werde ich es tun. 15 Wenn ihr mich liebt, wer-
det ihr meine Gebote halten. 16 Und ich werde den Vater bit-
ten und er wird euch einen anderen Beistand geben, der für
immer bei euch bleiben soll, 17 den Geist der Wahrheit, den
die Welt nicht empfangen kann, weil sie ihn nicht sieht und
nicht kennt. Ihr aber kennt ihn, weil er bei euch bleibt und in
euch sein wird. 18 Ich werde euch nicht als Waisen zurücklas-
sen, ich komme zu euch. Joh 14,1–18

Unsere Zeit ist eine Wendezeit: für die Kirche und für die gesamte Gesellschaft. Wir dürfen darauf vertrauen, dass Gott uns mit seinem guten Geist durch diese Zeit leitet, uns hilft, die richtigen Entscheidungen zu treffen und unseren Beitrag zu einer sich erneuernden Kirche und Gesellschaft zu leisten. Wie das aussehen kann, zeigt das Johannesevangelium.

Der Lebensentwurf, der sich bei Johannes für uns Christen in der Nachfolge Jesu abzeichnet, stellt uns gläubige Freiheit als eine Perspektive vor Augen, die alles bestimmen soll. Denn Jesus ist für uns „der Weg, die Wahrheit und das Leben“ (Joh 14,6). Als freie Menschen bekennen wir diesen Glauben mitten in der Welt.

Prüfstein dafür ist die Überwindung der Angst, von der die Jünger immer wieder überfallen werden. Gerade in den Zeiten der Corona-Krise treffe ich auf ganz viele Menschen, die verständlicherweise von Ängsten und Sorgen bedrückt werden. Was tut Jesus angesichts solcher Sorgen und Ängste, von denen gerade die Jünger nach seiner Kreuzigung geplagt sind? Nicht durch Appelle und Durchhalteparolen wird sie überwunden, sondern dadurch, dass er zu ihnen kommt, sich in ihre Mitte stellt, sich ihnen zu erkennen gibt, sie anredet und sich ihnen ganz und gar zusagt. Jesus überwindet die Angst seiner Jünger, indem er ihnen die Erfahrung vermittelt, ganz gegenwärtig bei ihnen zu sein und sie zu stärken. Die Überwindung dieser Angst ist gleichbedeutend mit der Weckung des Glaubens, der frei ist von Fixie-

rungen, aber hellwach für das Wahrnehmen der Gegenwart Jesu. Das ist Glaube, den keiner machen kann, sondern der geschenkt wird.
Nicht umsonst kann Jesus dann tun, was er bereits in seinen Abschiedsreden verheißen hat, nämlich den Jüngern den Geist der Wahrheit als Beistand zu senden (vgl. Joh 14,16–17). Das ist das eigentliche Ziel der österlichen Begegnungen Jesu. Es geht ihm nicht um die Demonstration, dass er recht gehabt hätte, nicht um die endgültige Widerlegung seiner Gegner, nicht um die Beschämung seiner Feinde, sondern darum, als gekreuzigt Auferstandener Gottes Geist mitzuteilen, der die Jünger vom Unglauben zum Glauben, aus der Dunkelheit zum Licht und aus dem Tod zum Leben ruft. So gelangen sie zu neuer Freiheit und in eine größere Weite ihres Glaubens.
Das Wort Jesu, mit dem seine österlichen Begegnungen abgeschlossen werden, „Empfangt den Heiligen Geist" (Joh 20,22), macht den Raum der Sendung der Jünger und derer, die dem Auferstandenen begegnet sind und ihn erkannt haben, unvermutet weit.
Denn nicht umsonst erscheint der Auferstandene den Jüngern bei verschlossenen Türen (vgl. Joh 20,19). Diese verschlossenen Türen symbolisieren ihre Angst, von der wir heute sagen müssen, dass sie auch für viele Lebensängste der Menschen in der gegenwärtigen Zeit stehen kann, übrigens auch für nicht wenige Ängste in der Kirche. Nach Hans Urs v. Balthasar sind die verschlossenen Türen „der Anfang der geschlossenen Kirche"[11]. Nach der Kreuzigung Jesu hält die Angst die Jünger zusammen, ähnlich auch seine Furchtsamkeit den Thomas, der den Sprung in den Glauben zuerst

11 Vgl. Hans Urs von Balthasar: Verschlossene Türen, in: ders., Spiritus Creator, Einsiedeln 1967, SS. 442 f.

nicht wagt. Hier deutet vieles darauf hin, dass es eine Angst vor dem Glauben Christi und seinen Leiden gibt, auch eine Angst, wirklich hineinzuwirken in die neue Welt des Auferstandenen, in die Herrlichkeit Gottes und die Übermacht seiner Liebe mitten im konkreten Alltag.

Aber nicht nur in der Welt des Glaubens und der Kirche, sondern auch in ganz anderen Lebenszusammenhängen spielen „geschlossene Türen" eine wichtige Rolle. Sie haben oft das Gesicht eines geistlosen, aber doch auch treuen Praktizierens des Gewohnten, eines Enthusiasmus für das Begrenzte und das Kontrollierte. Das solchermaßen Zählbare und Sichtbare hängen immer auch mit der Sehnsucht nach Sicherheit und Orientierung zusammen.[12] Und es gibt noch eine andere Form der Angst, die Menschen befällt, nämlich die einer freundlichen Unverbindlichkeit und einer merkwürdigen Scheu vor Klarheit und Konkretheit, die z. B. in Blockaden in der Verständigung, in mangelndem Vertrauen und einem tiefen Graben zwischen gelebter Praxis und geglaubter Wahrheit deutlich wird. Überall dort ist letztlich die Überzeugungskraft eines Lebensentwurfes, der für Inhalte steht, die glaubwürdig umgesetzt werden wollen, längst verloren. Da ist der Ort, wo Ängste wachsen und Furchtsamkeit Raum gewinnt. Gerade die gegenwärtigen Erfahrungen zeigen konkret, wie es um solchermaßen „geschlossene Türen" steht, die für so manche auch auf einen verschlossenen Himmel hindeuten, vor allem in unserer immer mehr nachsäkularen Gesellschaft, die kaum noch mit einem Leben mit Gott und dessen Wirkmächtigkeit in der Welt rechnet. Es gibt eben nicht nur die verschlossenen Türen auf Erden, sondern für viele Menschen auch den ver-

12 Vgl. ebd., S. 444.

schlossenen Himmel, der sich ihnen nicht öffnet und nicht zugänglich wirkt.
Nach den johanneischen Ostererzählungen bewirkt in solchen verschlossenen Wirklichkeiten der Geist Jesu Wunder, weil er ein Geist des Glaubens ist, der durch Vertrauen mächtig wird und verängstigte Herzen öffnet, gerade da er zugleich ein Geist des Friedens ist, der den Unfrieden verwandeln kann in Verstehen und Achtsamkeit. Vertrauen und Frieden können in solchen Menschen Wunder wirken, die durch Ängste verletzt sind und verletzbar bleiben, weil in ihnen der Wunsch nach Geborgenheit nie wirklich erfüllt wurde.
Auf dem Horizont dieser Erfahrungen sind die Auferstehungsberichte bei Johannes, die als Begegnungserzählungen beschrieben werden, Zeugnisse einer sprichwörtlich schrankenlosen Überlegenheit des gekreuzigt Auferstandenen, der jene Wände durchdringt, hinter denen sich die verängstigten Jünger verschanzt haben. Dort zeigt er sich als der Lebende, der den Frieden zuspricht, aber dessen Wunden offenbleiben. Eben an ihnen erkennen die Jünger ihn, weil er nicht das perfekte Leben zeigt, sondern dem Verwundeten Raum gibt.
In eine solche Welt sendet Jesus mit dem Vater den Geist seines Friedens und seiner Ermutigung. Es ist der Geist der bis zum Äußersten gehenden Liebe Gottes, weil Gott Mitliebende will (vgl. Duns Scotus), also Menschen, die wie Jesus selbst bereit sind, anderen die Füße zu waschen, sich verwunden zu lassen und die Ängste der Welt in das eigene Leben hineinzunehmen. So können sich die Herzen der Menschen öffnen, empfänglich für die Gaben des Friedens und der Liebe, fähig zu einem gläubigen Realismus und einem Wirklichkeitssinn, die die Schwächen der Menschen und der Welt sehen, annehmen und ihre Chancen ergreifen.

In unserer krisengeschüttelten Zeit ist ein solcher Geist Gold wert. So können nämlich Verzagte Mut finden, ihre verschlossenen Türen zu öffnen, damit ein Klima des Vertrauens einziehen und entstehen kann, sowie Menschen neu zusammenfinden. So auch vermag gegenseitiges Verständnis wachsen und zugleich der Wille, sich dem Alltag und seinen Aufgaben zuzuwenden. Gerade angesichts der Herausforderungen, vor denen wir stehen, hilft das, sich nicht in selbstzerstörerischen Illusionen zu verstricken und dabei das Zwischenmenschliche zu unterschätzen, sondern die bevorstehenden Aufgaben, diesen fachlich und menschlich gewachsen, mit Mut bewältigen zu wollen.

Das kann der aufbauende Beitrag der Christen für die nächste Zeit sein: in der Wirklichkeit Gottes verankert zu leben, mit einem Sinn für das Wehen des Heiligen Geistes den Alltag zu bewältigen und dabei entschieden und gelassen zu arbeiten. So eröffnen sich Möglichkeiten, Menschen im Glauben zu stärken, den Alltag mit einem tiefen Sinn für die Solidarität mit den Armen und am Rande Stehenden zu gestalten und mit Hoffnung auf eine gute Zukunft zuzugehen.
Also: Christen wirken an der neuen Normalität des Alltäglichen mit durch ihr geistvolles Glaubenszeugnis. Die am tiefsten glauben, sind diejenigen, die am wenigsten Angst haben, die zugleich weit sehen und nachsichtig handeln. So wirkt Gottes Geist mitten in der konkreten Welt, der der gekreuzigt Auferstandene seinen Frieden und seine Liebe zusagt.

Dr. Franz-Josef Overbeck
Bischof von Essen

Bleibe bei uns, denn es wird Abend

Erzbischof Dr. Ludwig Schick

Von ihm her seid ihr in Christus Jesus, den Gott für uns zur Weisheit gemacht hat, zur Gerechtigkeit, Heiligung und Erlösung. 1 Kor 1,30

Ich bin gekommen, damit sie das Leben haben und es in Fülle haben. Joh 10,10

Aber sie [die Emmausjünger] drängten ihn und sagten: Bleibe bei uns; denn es wird Abend, der Tag hat sich schon geneigt! Da ging er mit hinein, um bei ihnen zu bleiben. Lk 24,29

Eigentlich sind es drei Texte der Heiligen Schrift, die mir, seit ich bewusst Christ bin und mein Leben aus dem Glauben an Jesus Christus gestalte, vor allem bedeutsam sind. Diese haben einen tiefen inneren Zusammenhang für mich. Sie begleiten mich seit circa 50 Jahren.
Der erste Text findet sich im 1. Korintherbrief. Ihn habe ich auch zu meinem Bischofswahlspruch gemacht: „Jesus Christus, Weisheit, uns von Gott gegeben" (vgl. 1 Kor 1,30).
Der zweite Text steht im Evangelium des Johannes. Jesus fasst seine Sendung so zusammen: „Ich bin gekommen, damit sie das Leben haben und es in Fülle haben" (Joh 10,10). Er bringt auch die Sendung der Kirche Christi und jedes Christen in ihr zum Ausdruck.
Das dritte Wort stammt aus dem Lukasevangelium: Die Emmausjünger „drängten ihn und sagten: Bleibe bei uns; denn es wird Abend, der Tag hat sich schon geneigt! Da ging er mit ihnen hinein, um bei ihnen zu bleiben" (Lk 24,29).
Diese drei Worte fassen für mich die ganze Botschaft Jesu Christi zusammen. Sie sind zugleich Ausdruck für mein geistliches Leben sowie ebenso Inhalt und Ziel für mein pastorales Wirken.
Jetzt in der Coronazeit sind sie mir wieder besonders bewusst geworden und haben mir Trost, Ermutigung und Ansporn gegeben.

In einem Interview zu meinem 60. Geburtstag vor zehn Jahren habe ich auf die Frage, woraus denn mein Glaube lebt,

die Antwort gegeben: „Mein Glaube lebt vom Du!“ Diese Antwort ist auch zu einem Buchtitel geworden. Dieser Ausspruch drückt für mich etwas ganz Wesentliches am christlichen Glauben aus und ist mit den drei Schriftworten verbunden. Christsein ist nicht Glaube an etwas, an Dogma oder Dogmen, Gebote und Vorschriften, Riten und gottesdienstliche Vollzüge. Christlicher Glaube ist Beziehung zu einer Person, die lebendig ist: Beziehung zu Jesus Christus, der als Mensch gelebt hat, der am Kreuz gestorben ist, der auferstand und im Heiligen Geist lebt und wirkt. Er will mit uns auf Du und Du stehen. Wir können Beziehung zu ihm haben. Mein Glaube und unser aller Glaube lebt letztlich vom Du mit ihm. „Ihr seid meine Freunde“, versichert Jesus Christus uns, „wenn ihr tut, was ich euch auftrage“ (Joh 15,14).
Wie bei allen Beziehungen muss auch die Beziehung zu ihm angeknüpft und dann auch gepflegt werden. Wie unsere menschlichen Beziehungen untereinander, müssen auch die Beziehungen zu Jesus Christus immer wieder erneuert und aktiviert werden, andernfalls versanden sie.
Ich habe viele Jahre in der Ehe- und Familienberatung mitgewirkt und war über zehn Jahre als Richter bei einem kirchlichen Gericht tätig; die kirchlichen Gerichte befassen sich fast ausschließlich mit Ehenichtigkeitsprozessen. Dabei habe ich immer wieder erlebt, dass gute Beziehungen – am Anfang voller Glück, Zufriedenheit und Freude – zerbrachen. Mit vielen Paaren habe ich den Weg des Scheiterns zurückverfolgt. Bei den meisten war es nicht ein großer Krach oder ein einschneidendes Ereignis, das die Ehe beendete, sondern das langsame Versanden der Beziehung. „Wir haben uns auseinandergelebt. Unsere Beziehung ist zerronnen, wie der feine Sand am Meer zwischen den Fingern hindurchsickert, ohne dass man es will und merkt. Wir haben unser Miteinander nicht gepflegt.“

Auch die Beziehung zu Jesus Christus muss gepflegt werden. Wie das geht, ist für mich vor allem im Wort der Emmausjünger angesprochen. „Sie drängten ihn und sagten: Bleibe bei uns; denn es wird Abend". Beziehungspflege braucht das ‚Drängen', das kein Vereinnahmen ist oder Besitzanspruch geltend macht, sondern den sehnlichen Wunsch zum Ausdruck bringt: ‚Bleibe bei mir, lass uns zusammenbleiben!' Das gilt besonders, wenn es Abend wird und der Tag sich neigt. Im übertragenen Sinn meint das: Wenn es in den Beziehungen und im Miteinander, im Glauben und christlichen Leben schwierig wird, dann ist Drängen angesagt! In der geistlichen Beziehung und im Glauben an Jesus Christus geschieht dieses Drängen durch das Gebet, das man lernen und pflegen muss. ‚Herr, bleibe bei mir oder bei uns!', ist eine gute Einleitung zum Gebet.
In der Coronazeit und in Shutdown-Perioden, die im Leben und in der Geschichte immer wieder vorkommen, überkommt Menschen die Einsamkeit und das Gefühl des Verlassenseins, Pessimismus und Resignation, was ich auch bei mir selbst spüre. Da ist mir dieses Wort besonders wichtig. Ich habe es in diesem Jahr auch für meinen Ostergruß verwendet und allen geraten, das Wort der Emmausjünger in sich sprechen zu lassen: „Herr, bleibe bei uns!" und zu erfahren: „Sie erkannten ihn".
Aus der Beziehung mit Jesus empfange ich dann seine Zusage, auch für mich ganz persönlich: „Ich bin gekommen, damit sie das Leben haben und es in Fülle haben".
Dieses zweite Wort ist für mich ebenfalls ganz wichtig, für mich selbst, aber auch für all mein pastorales, liturgisches und karitatives Wirken. Jesus ist die Fülle des Lebens, die für jeden verschieden ist. Für Ehepartner und Familien anders als für Alleinstehende, für Kinder und Jugendliche anders als für Menschen, die in der Mitte des Lebens ste-

hen, und nochmals anders für Menschen, die im Seniorinnen- und Seniorenalter sind, und für die, die von dieser Welt bald Abschied nehmen werden. Es bleibt aber immer und für jeden die gleiche Zusage: ‚Ich bin gekommen, dass Du das Leben hast'.

Bei Jesus ist die Fülle des Lebens! Das habe ich in meinem ganzen Leben, seit ich glaube, immer wieder neu und immer wieder anders gespürt. Er gibt sie uns, indem er unsere Freuden reiner und heller macht, unsere Schwachheiten, auch unser Fallen, unsere Schuld und Sünde mitträgt, uns tröstet, uns aufhebt, uns aufrichtet und neu gehen lässt.

Er ist die Fülle des Lebens, immer neu und immer anders, aber immer lebensdienlich im Alltag.

Der Auftrag der Kirche besteht ebenfalls darin, allen Menschen auf der ganzen Erde und zu allen Zeiten das Leben in Fülle zu geben, für Leib und Seele, für das soziale und gesellschaftliche Leben.

Für die Fülle des Lebens ist Jesus Christus Weisheit, uns von Gott gegeben. Dieses dritte Wort bedeutet für mich vor allem, nachzudenken, mit Mitmenschen im Kontakt und Austausch zu sein, um herauszufinden, was im Augenblick, für heute und morgen und die Zukunft das Leben gut macht und die Fülle des Lebens bringt. Dabei ist die Bitte an den lebendigen Jesus Christus um Weisheit wichtig.

Diese drei Texte aus dem Neuen Testament sind für mich auch so etwas wie der Notenschlüssel zur ganzen Bibel.

Nicht nur im Alten, auch im Neuen Testament finden sich viele Texte, die wahrhaftig schwierig zu verstehen sind und vieles sträubt sich in mir, sie anzunehmen und sie als Wort Gottes zu akzeptieren.

Mit diesen drei Notenschlüsseln kann ich sie erschließen und einordnen. „Mein Glaube lebt vom Du!", von der Beziehung zum lebendigen Jesus Christus, den ich aber immer neu in mein Leben einladen muss. Wie die Emmausjünger dränge ich ihn und sage: „Bleibe bei uns, denn es wird Abend, der Tag hat sich schon geneigt!" Wie er mit ihnen hineinging, um bei ihnen zu bleiben und er sich dann offenbart und ihnen die Augen aufgingen, so erkenne ich ihn als die Fülle des Lebens. „Ich bin gekommen, damit sie das Leben haben und es in Fülle haben." Er ist die Weisheit Gottes und schenkt Weisheit, die das Leben gestalten und gut werden lässt.

DR. LUDWIG SCHICK
ERZBISCHOF VON BAMBERG

Auf nach Galiläa

Bischof Heinrich Timmerevers

DIE FRAUEN AM LEEREN GRAB

1 Nach dem Sabbat, beim Anbruch des ersten Tages der Woche,
kamen Maria aus Magdala und die andere Maria, um nach dem
Grab zu sehen. 2 Und siehe, es geschah ein gewaltiges Erdbe-
ben; denn ein Engel des Herrn kam vom Himmel herab, trat an
das Grab, wälzte den Stein weg und setzte sich darauf. 3 Sein
Aussehen war wie ein Blitz und sein Gewand weiß wie
Schnee. 4 Aus Furcht vor ihm erbebten die Wächter und waren
wie tot. 5 Der Engel aber sagte zu den Frauen: Fürchtet euch
nicht! Ich weiß, ihr sucht Jesus, den Gekreuzigten. 6 Er ist
nicht hier; denn er ist auferstanden, wie er gesagt hat. Kommt
her und seht euch den Ort an, wo er lag! 7 Dann geht schnell zu
seinen Jüngern und sagt ihnen: Er ist von den Toten auferstan-
den und siehe, er geht euch voraus nach Galiläa, dort werdet
ihr ihn sehen. Siehe, ich habe es euch gesagt. 8 Sogleich verlie-
ßen sie das Grab voll Furcht und großer Freude und sie eilten
zu seinen Jüngern, um ihnen die Botschaft zu verkünden.

DIE ERSCHEINUNG DES AUFERSTANDENEN VOR DEN FRAUEN

9 Und siehe, Jesus kam ihnen entgegen und sagte: Seid
gegrüßt! Sie gingen auf ihn zu, warfen sich vor ihm nieder
und umfassten seine Füße. 10 Da sagte Jesus zu ihnen: Fürch-
tet euch nicht! Geht und sagt meinen Brüdern, sie sollen nach
Galiläa gehen und dort werden sie mich sehen. Mt 28,1–10

0.

Wie dürfen wir als Christen hoffen, angesichts von uns umgebender Hoffnungslosigkeit? Wie können wir die Osterfreude annehmen, angesichts von Ohnmacht und Unsicherheit?

Ostern 2020 war auch für mich das außergewöhnlichste und schwierigste Osterfest, das ich je erlebt habe. Der bleibende Verzicht hat mich herausgefordert der Osterfreude nachzugehen und dem Auferstandenen neu auf die Spur zu kommen. Gehen Sie diesen Weg mit!

I.

Ostern beginnt mit Furcht und Schrecken! Gewaltiges Erdbeben, ein Engel, der aussieht wie ein Blitz, Wächter am Grab, die vor Furcht erbeben und wie tot waren, das ist das Szenario der Auferweckung.

Das erste Wort des Engels an die Frauen ist: „Fürchtet euch nicht! Ich weiß, ihr sucht Jesus, den Gekreuzigten. Er ist nicht hier; denn er ist auferstanden [...] Dann geht schnell zu seinen Jüngern und sagt ihnen: [...Der Auferstandene] geht euch voraus nach Galiläa, dort werdet ihr ihn sehen!" (V. 5–7)

Und dann hören wir: Die Frauen verließen das Grab voll Furcht und großer Freude, sie eilten zu den Jüngern, unterwegs kommt ihnen der Auferstandene entgegen. Das erste Wort des Auferstandenen an sie: „Fürchtet euch nicht." Und der Auftrag: „Geht zu den Brüdern, sie sollen nach Galiläa gehen, dort werden sie mich sehen."

II.

Wer den Auferstandenen sehen will, der muss nach Galiläa gehen. Er muss sich in Bewegung setzten. Zweimal hören wir diese Aufforderung in diesem kurzen Abschnitt aus dem Matthäus-Evangelium.
Galiläa – dort begann alles: der Engel und der auferstandene Herr erinnern uns: Sein erster öffentlicher Auftritt war in Galiläa, das war die Taufe im Jordan. Der Geist, der vom Himmel auf ihn herabkam und die Stimme: „Das ist mein geliebter Sohn, an dem ich Wohlgefallen gefunden habe!" (2 Petr 1,17)
Galiläa: da waren die Versuchung Jesu in der Wüste und sein Ringen um den richtigen Weg; dann sein erster Auftritt in der Synagoge von Kafarnaum, mit der Lesung aus dem Buch Jesaja: „Er hat mich gesandt, um den Armen frohe Botschaft zu bringen, um die zu heilen, die gebrochenen Herzens sind, um den Gefangenen Freilassung auszurufen und den Gefesselten Befreiung." (Jes 61,1) Heute hat sich dieses Wort erfüllt! Die vielen Begegnungen mit den Menschen, sein Rufen in die Nachfolge, das alles geschah in Galiläa. Dort haben die Menschen erlebt: wer diesem Jesus vertraut, findet Heilung: der Blinde, der Lahme, der Taubstumme, der vom Aussatz Ausgestoßene, der Besessene, der Sünder und der Zöllner. Von Jesus ging eine Kraft aus, die alle heilte! Galiläa: das ist auch der Ort der Bergpredigt. Mit dieser Predigt wird seine Einstellung, seine Haltung, seine Lebenslinie deutlich und wie geradlinig er ist: Er verkündet das Wort und es wird mit Leben gefüllt. Das ist Galiläa!

III.

Ostern 2020 ist eine Zäsur, die uns fragen lässt: Was will Gott uns sagen? Wir feiern ein Ostern ohne gemeinschaftliche, festliche Gottesdienste, da fehlt uns etwas ganz Wichtiges und Kostbares für unser Leben als Christen. Ich weiß mich in diesen Tagen in besonderer Weise solidarisch, mit den vielen Menschen, die auch sonst auf den Gottesdienst verzichten müssen, weil sie gesundheitlich eingeschränkt sind, weil es in ihrer Region keine Priester gibt, weil sie an anderen Stellen gebunden sind. Von den ersten Christen wurde gesagt, sie konnten nicht leben, ohne das Herrenmahl zu feiern. Diese Notwendigkeit hat sich durch die ganze Geschichte der Kirche hindurch getragen. Wir leben davon, dass wir durch die Feier des Gottesdienstes, durch die Verkündigung des Wortes und durch den Empfang der heiligen Kommunion für unseren Weg als Christen in der Welt gestärkt und ermutigt werden, gehen und leben können.

Das, was wir hier in Deutschland erleben, ist kein regionales Problem, alle Welt wird durch Corona in die Knie gezwungen. Wir haben die Bilder aus Rom vor Augen, aber auch viele Bilder aus der ganzen Welt. Ostern können wir eigentlich nicht feiern!

Ich frage mich, was ist das für ein Signal für uns, für die Kirche, für die Welt? Wenn wir Ostern nicht in unserer gewohnten Weise feiern können, wozu ruft uns der Auferstandene heute? Schickt er uns vielleicht nach Galiläa?

Bevor wir aufbrechen, dürfen wir sein Wort hören: „Fürchtet euch nicht!“ Es ist das Wort des Auferstandenen an uns alle: „Fürchtet euch nicht!“

IV.

Wenn der Auferstandene die Jünger nach Galiläa schickt, damit sie ihn dort sehen und treffen, können wir fragen, wo ist denn das Galiläa unserer Zeit, wo ist unser Galiläa? Wenn wir als Gläubige, als Christen, als Kirche in unserem

Land nach Galiläa geschickt werden, um dort den Herrn zu sehen, wohin schickt er uns?
Wir müssen zu den Menschen gehen! Wir müssen dorthin gehen, wo sie leben, kämpfen und leiden. Wir müssen zu denen gehen, die ausgegrenzt wurden, Opfer von Macht und sexualisierter Gewalt in unserer Kirche geworden sind, zu denen gehen, deren Lebensglück in einer Partnerschaft zerbrochen ist und einen neuen Anfang wagen. Wir müssen zu denen gehen, die in gleichgeschlechtlichen Partnerschaften leben, zu denen gehen, die ausgegrenzt wurden und in ihrem Leben keine Hoffnung mehr haben. Wir könnten diese Reihe endlos fortsetzen, gerade in diesen Tagen sehen wir die Flüchtlinge, die an den Grenzen Europas auf ein besseres Leben warten.
Von dem orthodoxen Theologen Evdokimov stammt das Wort: „Wir wissen, wo die Kirche ist, aber wir wissen nicht, wo die Kirche nicht ist!" Kirche ist dort, wo der Auferstandene ist! Galiläa ist Kirche! Unsere geschlossenen Kirchen können uns in diesen Wochen eine heilsame Mahnung sein! Sucht das Galiläa bei den Menschen, sucht, wo Christus ist!
In Sachsen gehören ca. 80 Prozent der Bevölkerung zu keiner Religionsgemeinschaft. Ich nehme aber wahr, dass es in unserem Land viele suchende Menschen gibt, Menschen, die den Durst nach Sinn und Leben stillen möchten. Auch hier können wir uns als Christen fragen, ist das nicht auch Galiläa? Suchen wir diese Menschen, können wir sie zu der Quelle begleiten, die Lebensdurst stillt?

V.

Ostern, Auferstehung Jesu sagt uns: Das Leben geht auch in der größten Katastrophe nicht unter! Gott schenkt Neuanfänge in unserem persönlichen Leben, in der Kirche und in der Welt!

Das Wort des Engels trägt: „Ich weiß, ihr sucht Jesus, den Gekreuzigten. Er ist nicht hier; denn er ist auferstanden. [...] er geht euch voraus nach Galiläa, dort werdet ihr ihn sehen."
Auf nach Galiläa, dort werden wir ihn sehen, das ist die Einladung und die Aufforderung an uns alle. Wenn wir aufbrechen, dürfen wir zuversichtlich sein, dass wir ihn dort treffen! Auch wenn es in einigen Zeiten unseres Lebens schwierig ist, wir leben mit der Hoffnung, dass diese Krise vorüber gehen wird. Galiläa aber bleibt! Der Auferstandene ruft uns zu: „Fürchtet euch nicht!"

HEINRICH TIMMEREVERS
BISCHOF VON DRESDEN-MEISSEN

Dass aus der Quarantäne eine wahre Quadragese werde

BISCHOF DR. RUDOLF VODERHOLZER

1 Unterwegs sah Jesus einen Mann, der seit seiner Geburt
blind war. 2 Da fragten ihn seine Jünger: Rabbi, wer hat gesün-
digt? Er selbst oder seine Eltern, sodass er blind geboren
wurde? 3 Jesus antwortete: Weder er noch seine Eltern haben
gesündigt, sondern die Werke Gottes sollen an ihm offenbar
werden. 4 Wir müssen, solange es Tag ist, die Werke dessen
vollbringen, der mich gesandt hat; es kommt die Nacht, in der
niemand mehr wirken kann. 5 Solange ich in der Welt bin, bin
ich das Licht der Welt. 6 Als er dies gesagt hatte, spuckte er auf
die Erde; dann machte er mit dem Speichel einen Teig, strich
ihn dem Blinden auf die Augen 7 und sagte zu ihm: Geh und
wasch dich in dem Teich Schiloach! Das heißt übersetzt: der
Gesandte. Der Mann ging fort und wusch sich. Und als er
zurückkam, konnte er sehen. 8 Die Nachbarn und jene, die ihn
früher als Bettler gesehen hatten, sagten: Ist das nicht der
Mann, der dasaß und bettelte? 9 Einige sagten: Er ist es.
Andere sagten: Nein, er sieht ihm nur ähnlich. Er selbst aber
sagte: Ich bin es. 10 Da fragten sie ihn: Wie sind deine Augen
geöffnet worden? 11 Er antwortete: Der Mann, der Jesus heißt,
machte einen Teig, bestrich damit meine Augen und sagte zu
mir: Geh zum Schiloach und wasch dich! Ich ging hin, wusch
mich und konnte sehen. 12 Sie fragten ihn: Wo ist er? Er sagte:
Ich weiß es nicht. 13 Da brachten sie den Mann, der blind
gewesen war, zu den Pharisäern. 14 Es war aber Sabbat an dem
Tag, als Jesus den Teig gemacht und ihm die Augen geöffnet
hatte. 15 Auch die Pharisäer fragten ihn, wie er sehend gewor-
den sei. Er antwortete ihnen: Er legte mir einen Teig auf die

Augen und ich wusch mich und jetzt sehe ich. 16 Einige der
Pharisäer sagten: Dieser Mensch ist nicht von Gott, weil er
den Sabbat nicht hält. Andere aber sagten: Wie kann ein sün-
diger Mensch solche Zeichen tun? So entstand eine Spaltung
unter ihnen. 17 Da fragten sie den Blinden noch einmal: Was
sagst du selbst über ihn? Er hat doch deine Augen geöffnet.
Der Mann sagte: Er ist ein Prophet. 18 Die Juden aber wollten
nicht glauben, dass er blind gewesen und sehend geworden
war. Daher riefen sie die Eltern des von der Blindheit Geheil-
ten 19 und fragten sie: Ist das euer Sohn, von dem ihr sagt, dass
er blind geboren wurde? Wie kommt es, dass er jetzt sieht?
20 Seine Eltern antworteten: Wir wissen, dass er unser Sohn
ist und dass er blind geboren wurde. 21 Wie es kommt, dass er
jetzt sieht, das wissen wir nicht. Und wer seine Augen geöff-
net hat, das wissen wir auch nicht. Fragt doch ihn selbst, er ist
alt genug und kann selbst für sich sprechen! 22 Das sagten
seine Eltern, weil sie sich vor den Juden fürchteten; denn die
Juden hatten schon beschlossen, jeden, der ihn als den Chris-
tus bekenne, aus der Synagoge auszustoßen. 23 Deswegen
sagten seine Eltern: Er ist alt genug, fragt ihn selbst! 24 Da rie-
fen die Pharisäer den Mann, der blind gewesen war, zum
zweiten Mal und sagten zu ihm: Gib Gott die Ehre! Wir wis-
sen, dass dieser Mensch ein Sünder ist. 25 Er antwortete: Ob er
ein Sünder ist, weiß ich nicht. Nur das eine weiß ich, dass ich
blind war und jetzt sehe. 26 Sie fragten ihn: Was hat er mit dir
gemacht? Wie hat er deine Augen geöffnet? 27 Er antwortete
ihnen: Ich habe es euch bereits gesagt, aber ihr habt nicht
gehört. Warum wollt ihr es noch einmal hören? Wollt etwa
auch ihr seine Jünger werden? 28 Da beschimpften sie ihn: Du
bist ein Jünger dieses Menschen; wir aber sind Jünger des
Mose. 29 Wir wissen, dass zu Mose Gott gesprochen hat; aber
von dem da wissen wir nicht, woher er kommt. 30 Der Mensch
antwortete ihnen: Darin liegt ja das Erstaunliche, dass ihr

nicht wisst, woher er kommt; dabei hat er doch meine Augen
geöffnet. 31 Wir wissen, dass Gott Sünder nicht erhört; wer
aber Gott fürchtet und seinen Willen tut, den erhört er.
32 Noch nie hat man gehört, dass jemand die Augen eines
Blindgeborenen geöffnet hat. 33 Wenn dieser nicht von Gott
wäre, dann hätte er gewiss nichts ausrichten können. 34 Sie
entgegneten ihm: Du bist ganz und gar in Sünden geboren
und du willst uns belehren? Und sie stießen ihn hinaus.
35 Jesus hörte, dass sie ihn hinausgestoßen hatten, und als er
ihn traf, sagte er zu ihm: Glaubst du an den Menschensohn?
36 Da antwortete jener und sagte: Wer ist das, Herr, damit ich
an ihn glaube? 37 Jesus sagte zu ihm: Du hast ihn bereits gese-
hen; er, der mit dir redet, ist es. 38 Er aber sagte: Ich glaube,
Herr! Und er warf sich vor ihm nieder. 39 Da sprach Jesus: Um
zu richten, bin ich in diese Welt gekommen: damit die nicht
Sehenden sehen und die Sehenden blind werden. 40 Einige
Pharisäer, die bei ihm waren, hörten dies. Und sie fragten ihn:
Sind etwa auch wir blind? 41 Jesus sagte zu ihnen: Wenn ihr
blind wärt, hättet ihr keine Sünde. Jetzt aber sagt ihr: Wir
sehen. Darum bleibt eure Sünde. Joh 9,1-41

„Unterwegs sah Jesus einen Mann, der seit seiner Geburt blind war." (Joh 9,1). Dieser Mann lärmte nicht, machte nicht auf sich aufmerksam. Jesus hätte ihn auch übersehen können. Doch sein Herz ist bei denen, die leiden, die gehandicapt sind.
Damit schon einmal spricht dieses Evangelium ganz unmittelbar in unsere gegenwärtige Situation hinein, in der wir stöhnen unter der Corona-Krise. Der Blick Jesu möchte auch sensibel machen für die Not um uns herum. Gerade auch die Not, die nicht laut auf sich aufmerksam machen kann. Denn: Es gibt nicht nur die unmittelbar vom Corona-Virus betroffenen, diejenigen, die sich infiziert haben oder diejenigen, die sich in aufopferungsvoller Arbeit ärztlich und pflegerisch um sie kümmern. Es gibt auch die mittelbar besonders betroffenen Menschen. Ich denke etwa an die blinden Menschen, die in besonderer Weise auf ihr Gehör und auf den Tastsinn, also auf die Berührung angewiesen sind, auf persönliche Nähe, und die von sich aus die empfohlene Einhaltung des eineinhalb Meter Abstands nicht ohne Weiteres bestimmen können. Sie sind mittelbar besonders betroffen, ebenso wie die auf andere Weise behinderten Menschen, alte, kranke Menschen, Menschen, deren Gedächtnis schwindet und die im nächsten Augenblick schon wieder vergessen haben, wenn man ihnen erklärt hat, warum auf einmal niemand mehr zu Besuch kommen darf, wo doch gerade auch sie Zuwendung und Nähe brauchen.

Ich danke von Herzen allen, die beruflich und ehrenamtlich dafür sorgen, dass niemand vergessen wird, dass in diesen schweren Zeiten, wo jeder schon genug damit zu tun hat, sein eigenes Leben auf die Reihe zu bekommen, alle Regeln einzuhalten und sich nicht selbst anzustecken, dass da so viele Initiativen der Sorge füreinander aufblühen, das bewegt mich tief und ich sage einfach Vergelt's Gott dafür.
Zu diesem ersten Aspekt unseres Evangeliums kommen nun aber weitere. Denn das Evangelium vom 4. Fastensonntag ist in besonderer Weise ein Tauf-Vorbereitungs-Evangelium. Im übertragenen Sinne sind wir, das setzt unser Evangelium voraus, im übertragenen Sinne sind wir alle blind geboren, auch wenn unsere leiblichen Augen funktionieren. Der Glaube und die Taufe schenken uns ein Licht, öffnen uns die Augen für das Wesentliche im Leben! Das ist übrigens auch der Sinn der frommen Überlieferung von der Taufe der heiligen Ottilia durch den Bischof Erhard, einen der Patrone unseres Bistums. Wenn Sie eine Regensburger Sonntagsbibel[13] zu Hause haben, dann werden Sie es sicher schon bemerkt haben: Wir haben für den heutigen 4. Fastensonntag im Lesejahr A ein Bild aus der ehemaligen Wallfahrtskirche zur heiligen Ottilia in Hellring ausgewählt. Da ist zu sehen, wie Erhard die Königstochter tauft. Sie war blind geboren worden. Ihr Vater wollte sie deshalb verstoßen. Ihre Mutter hat sie beschützt. Durch die Taufe wurden ihr die Augen geöffnet.
Unser Evangelium spricht auch von Menschen, die sehenden Auges blind sind. Das kennen wir auch: Blindheit kann viele Formen haben. Auch wenn wir in der glücklichen Lage sind, mit unseren Augen, manchmal unter Mithilfe einer Brille,

---

13 Vgl. Rudolf Voderholzer (Hg.): Regensburger Sonntagsbibel. Die Lesungen der Sonn- und Feiertage mit Betrachtungen von Joseph Ratzinger / Benedikt XVI. und Kunstwerken aus dem Bistum Regensburg, Regensburg 2017, 2. verbesserte Auflage 2018.

sehen zu können: Wir brauchen bloß unsere Sprache abhorchen, sie ist in dieser Hinsicht besonders reich an bildlichen Redewendungen: „*Blind* sein vor Wut“, und dann „keine Rück*sicht* nehmen“, „den Wald vor lauter Bäumen *nicht sehen*“, Jugendliche sprechen von den „Tomaten auf den Augen“, im gesetzten Alter fallen sie dann wie „Schuppen von den Augen“ usw. Wir können mit dem Mikroskop die Atome, und mit dem Fernrohr weit entfernte Sonnensysteme sehen, aber ins Herz des anderen blicken wir nicht hinein. Wir sind oft spezialisiert auf den Splitter im Auge des Nächsten, und übersehen seine Tränen.
Auch der Blindgeborene in unserem heutigen Evangelium muss einen langen Weg gehen, bis er wirklich sieht. Mich fasziniert das immer wieder: Der Geheilte war Jesus ja noch gar nicht begegnet. Er hatte ihn zwar gehört, und seinen Finger mit dem Teig auf den Augen gespürt. Aber gesehen – hatte er ihn bislang nicht. Er hatte sich auch noch gar nicht bedanken können. Jesus aber geht ihm nach. So kommt es zu dieser Begegnung, die zu den *ergreifendsten* Szenen des ganzen Evangeliums gehört. Jesus fragt ihn nämlich: Glaubst du an den Menschensohn? Und damit meint Jesus natürlich sich selbst. Oft hat er von sich in der dritten Person gesprochen. Vielleicht dachte sich der Mann da erst: Was will man denn jetzt schon wieder von mir? Sollen sie mir doch endlich meine Ruhe lassen, nach alldem, was er schon, kaum sehend geworden, mitgemacht hatte! Bis er vielleicht die Augen schloss und in der ihm so viel vertrauteren Finsternis die *Stimme Jesu* erkannte, wieder-erkannte, und in ihm *den*, der ihm das Augenlicht geschenkt hatte.[14] Wer ist es Herr? ... Und dann fällt es ihm, endgültig,

---

14 Vgl. dazu die wunderbare Deutung von Josef Pieper: Das Experiment mit der Blindheit, Steinfeld 1979.

wie Schuppen von den Augen. Wir spüren: Jetzt ist der Mann wirklich geheilt. Jetzt, da er Jesus als seinen Retter und Heiland gesehen und erkannt hat. Er wirft sich vor Jesus nieder und betet an! *Das* heißt wirklich sehen können: Jesus erkennen als den Heiland, den Retter der Welt; das Licht der Welt, das uns wahrhaft sehend macht, das uns zu Kindern des Lichtes macht (vgl. die Lesung, Eph 5,8).
In diesen schwierigen Zeiten, in die wir durch die Corona-Krise geführt werden, frage ich mich: Wofür möchte uns diese Prüfung die Augen öffnen? Können wir in dieser so scheinbar sinnlosen Krise, die so viel Leid und wirtschaftliche Not bringt, doch auch einen Sinn sehen?
Wie können wir die Zeit, die Muße, die uns jetzt geschenkt ist, nützen?
Die Situation, in der wir uns befinden, ist einzigartig. Noch nie hat es das gegeben, dass praktisch weltweit die Kirche daran gehindert ist, öffentlich die Eucharistie zu feiern!
Wenn ich in die biblische Überlieferung schaue, dann fällt mir einzig das *babylonische Exil* ein, in das das Volk Israel im 6. vorchristlichen Jahrhundert geführt wurde. Fern der Heimat, fern vom Tempel als dem Ort der Gottesverehrung. Eine Zeit tiefer Erschütterung, der Krise, aber auch des Nachdenkens. Wenn auch uns heute die Eucharistie, stellvertretend für alle gefeiert, nicht ganz fehlt, so haben wir doch alle das schmerzliche Empfinden: Der Tempel ist uns genommen: Und das ist die volle Versammlung des Leibes Christi. Im Nachhinein hat Israel die Erfahrung des Exils als eine Zeit der Läuterung verstanden. Im Zweiten Buch der Chronik, dem letzten Buch der hebräischen Bibel, steht als einer der letzten Verse der bemerkenswerte Satz im Blick auf die Exilszeit: „Das Land bekam seine Sabbate ersetzt" (2 Chr 36,21). Das Land bekam seine Sabbate ersetzt! Nützen wir die uns jetzt geschenkte Zeit und Muße für das Gebet

und die Intensivierung der Gottesbeziehung. Dafür steht der Sabbat.
Das Wort „*Quarantäne*“ hat von seiner Wortbedeutung denselben Ursprung wie das lateinische Wort für Fastenzeit *Quadragese*. Beides kommt von der Zahl vierzig. „Quarantäne“ (französisch: une quarantaine de jours = ungefähr 40 Tage) meint ursprünglich eine Vierzig-Tage-Zeit der Abgeschiedenheit und der Ausheilung. Aus der Quadragese wurde heuer eine Quarantäne. Bemühen wir uns, dass aus der Quarantäne eine wahre Quadragese wird, eine Zeit der Gnade, des Gebetes, des Fastens und der Nächstenliebe.

GEBET

So wollen wir beten, dass uns diese auferlegte Zeit der Ruhe und der Muße die Augen öffne für das, worauf es im Leben wirklich und entscheidend ankommt, dass sie uns, wie den geheilten Blindgeborenen, neu zu Christus führe, beten wir um Sensibilität und Hilfsbereitschaft für die Schwachen und Armen, und bestürmen wir den Himmel, dass diese Prüfung bald ein Ende nehme und wir uns alle wieder menschlich und leibhaftig begegnen können. Amen.

DR. RUDOLF VODERHOLZER
BISCHOF VON REGENSBURG

Du hast mein Klagen in Tanzen verwandelt

Bischof Dr. Karl-Heinz Wiesemann

1 Ein Psalm. Ein Lied zur Tempelweihe. Von David. 2 Ich will
dich erheben, HERR denn du zogst mich herauf und ließest
nicht zu, dass meine Feinde sich über mich freuen. 3 HERR,
mein Gott, ich habe zu dir geschrien und du heiltest mich.
4 HERR, du hast meine Seele heraufsteigen lassen aus der
Totenwelt, hast mich am Leben erhalten, sodass ich nicht in
die Grube hinabstieg. 5 Singt und spielt dem HERRN, ihr seine
Frommen, dankt im Gedenken seiner Heiligkeit! 6 Denn sein
Zorn dauert nur einen Augenblick, doch seine Güte ein Leben
lang. Wenn man am Abend auch weint, am Morgen herrscht
wieder Jubel. 7 Im sicheren Glück dachte ich einst: Ich werde
niemals wanken. 8 HERR, in deiner Güte hast du meinen Berg
gefestigt. Du hast dein Angesicht verborgen. Da bin ich
erschrocken. 9 Zu dir, HERR, will ich rufen und zu meinem
Herrn um Gnade flehn: 10 Was nützt dir mein Blut, wenn ich
zum Grab hinuntersteige? Kann Staub dich preisen, deine
Treue verkünden? 11 Höre, HERR, und sei mir gnädig! HERR,
sei du mein Helfer! 12 Du hast mein Klagen in Tanzen verwan-
delt, mein Trauergewand hast du gelöst und mich umgürtet
mit Freude, 13 damit man dir Herrlichkeit singt und nicht ver-
stummt. HERR, mein Gott, ich will dir danken in Ewig-
keit. Ps 30

Unter den vielen neuen Liedern in unserem Gotteslob hat mich ein Osterlied besonders fasziniert. Es wird kaum gesungen, denn es ist melodisch sehr komplex und nicht eingängig. Aber bei genauerem Wahrnehmen wird man mitgenommen von einer Bewegung, in der Text und Musik kongenial zusammenfließen. In wenigen Zeilen wandelt sich die harmonische Färbung vom seufzenden Klagen in tanzende Freude und spiegelt so den Text wider, der den Schluss von Psalm 30 leicht verändert aufnimmt:
„Du hast mein Klagen in Tanzen verwandelt, hast mich geheilt und mit Freude umgürtet. Dir singt mein Herz und will nicht verstummen. Dir will ich singen in Ewigkeit."

Du hast mein Klagen in Tanzen verwandelt: Das Lied beschreibt jemanden, der ganz am Boden ist – so setzt es tief an mit einem Klageseufzer. Aber etwas Überraschendes, Neues, geschieht, das die Situation von Grund auf verändert und das Klagen in Tanzen verwandelt. Das wird ganz dezent dadurch deutlich, dass der seufzende Rhythmus des Anfangs durch eine leichte Verschiebung in schwebendes Tanzen übergleitet. Etwas ist geschehen: ein leiser Anruf, ein plötzlicher Lichtschein. Scheinbar nichts Weltbewegendes, und doch: Da dreht sich etwas aus der Erdenschwere um nach oben. In den klagenden, in sich gekrümmten Menschen dringt etwas Überraschendes ein, das ganz leise verstört und aufmerken lässt. Langsam steigt eine neue Gewissheit auf, die heilend wirkt in der verletzten Seele.

Wir werden hinein genommen in die kleinen, aber steten Bewegungen aufsteigender Freude, die den ganzen Menschen zu umfassen beginnt: Du hast mich geheilt und mit Freude umgürtet. Und nun – die Melodie ist am höchsten Punkt angelangt – beginnt das Herz wie von selbst von innen her zu singen, ein verwandeltes, ein neues Lied zu singen – und will nicht verstummen, auf ewig nicht verstummen.
Dir singt mein Herz und will nicht verstummen. Dir will ich singen in Ewigkeit.
Schöner, treffender kann man die Verwandlung eines Menschen vom Klagen ins Tanzen, von der Schwermut ins langsame Ergriffenwerden durch eine neue Gewissheit der Lebensfreude nicht zum Ausdruck bringen – und wie von selbst, weil von innen her, steigt das neue Lied des erlösten Menschen auf. Wir erleben, wie dieses neue Lied in ihm zu singen beginnt, so dass es ihn geradezu innerlich überwältigt: „und will nicht verstummen."
Das haben wir alle schon einmal erlebt: Wie sich nach einem tiefen Schrecken auf einmal erlösende Freude ausbreiten kann – und langsam aufsteigt, weil ich Zeit brauche, der neuen Gewissheit zu trauen. Wie sie mich Schritt um Schritt verwandelt und in mir zu singen anfängt, so dass ich mit einstimmen muss und hinein genommen werde in einen Augenblick, in dem die Ewigkeit in mir singt.
Das hat auch Maria Magdalena am Ostermorgen erfahren. Am Boden war sie in ihrer Trauer, in sich gekrümmt mit ihrem verwundeten Herzen, ganz auf das Grab ausgerichtet in innerlicher Todesstarre. Ihr Wesen war weinende Klage. Das Grab gab ihr die Gewissheit: Ihr geliebter Jesus ist tot. Da geschieht etwas, das ihren Blick weg vom Grab wendet. Ganz unscheinbar, nicht weltbewegend – es ist doch nur der Gärtner. Oder? Langsam steigt etwas in ihr auf, lässt sie sich aufrichten. Was war es? Der Klang der Stimme? Maria! Man

kann im Johannes-Evangelium geradezu mit knisternder Spannung miterleben, wie die neue Gewissheit langsam in Maria Magdalena eindringt, zunächst durch das Ohr, durch das Hören der Stimme – und dann auch durch das Sehen, durch das Erkennen des auferstandenen Herrn, des Geliebten. Ihn will sie nun festhalten, um diesen Augenblick zu verewigen. „Rabbuni, [...] Meister" (Joh 20,16) – ihr ganzes Herz ruft, wie nur die Liebe rufen kann, und will nicht verstummen.

In den Erfahrungen des Auferstandenen, die uns das Neue Testament bezeugt, findet sich immer dieser Wendepunkt vom Schrecken in die Freude, von Trauer und Schwermut zum brennenden Herzen, von der Totenklage zum Lebenstanz. Dabei geschieht der Übergang äußerlich unspektakulär. Die neue Wirklichkeit zeigt sich schon, während der Mensch noch ganz im Schrecken des Verlustes verfangen ist. Da sind die Jünger, die sich in ihrer Angst eingeschlossen haben. Und doch dringt der Auferstandene durch das Verschlossene und öffnet ihre Herzen und Augen für seine Wirklichkeit: „Da freuten sich die Jünger, als sie den Herrn sahen." (Joh 20,20)

Noch eindringlicher wird dieser Prozess in der Erzählung von den Emmausjüngern im Lukas-Evangelium beschrieben. Während die Jünger von Jerusalem als dem Ort des Schreckens und der Zerstörung all ihrer Hoffnungen weglaufen, gesellt sich der Auferstandene schon während ihrer Flucht zu ihnen. Aber sie erkennen ihn nicht. Und doch geschieht auf diesem Weg auf ganz subtile Weise das Entscheidende. Im Rückblick erst wird ihnen mit ganzer Wucht klar, welche Wandlung in ihrem Leben eingetreten ist: „Brannte nicht unser Herz in uns, als er unterwegs mit uns redete und uns den Sinn der Schriften eröffnete?" (Lk 24,32)

Hier zeigt sich für mich das Wesen der Gotteserfahrung. Er ist schon im Schrecken anwesend. Er umfasst alle Wirklich-

keit, auch die verstörte, auch die Todeszonen des Lebens. Er ist gegenwärtig, auch wenn wir ihn nicht erkennen können, weil Seele und Sinne im Schrecken gehalten sind. Gotteserfahrung blendet die Erfahrungen abgründiger Verletzbarkeit und Brüchigkeit des Lebens nicht aus, sondern gerade ein. Gotteserfahrung ereignet sich mitten in der Ungesichertheit des Lebens. „Im sicheren Glück dachte ich einst: Ich werde niemals wanken. HERR, in deiner Güte hast du meinen Berg gefestigt. Du hast dein Angesicht verborgen. Da bin ich erschrocken." (Ps 30,7–8) Der Beter im Psalm 30 bringt im Rückblick den entscheidenden Punkt. Er war sich mit überheblicher Selbstverständlichkeit seines Lebens sicher. Im Innersten wusste er, dass er nicht selbst der Garant seines Lebens ist („In deiner Güte hast du meinen Berg gefestigt."). Aber er hat es ausgeblendet bis zu dem Augenblick, in dem ihm der sichere Boden entzogen wurde und die Verletzbarkeit seines Lebens hervortrat. Da verhüllt sich ihm der zuvor Ausgeblendete – und ein Schrecken legt sich über sein ganzes Leben, ja, über das ganze Dasein.
Ein Schrecken abgründiger Haltlosigkeit. „Gott, mein Gott, warum hast du mich verlassen", betet selbst Jesus am Kreuz. Das ist die Erfahrung der Nacht Gottes, in der der Zweifel aufsteigt und die Versuchung zur Gottlosigkeit den Menschen ergreift. Ist es der Zorn Gottes, der sich als Schrecken auf unsere Überheblichkeit legt?
„Denn sein Zorn dauert nur einen Augenblick, doch seine Güte ein Leben lang." (Ps 30,6)
Der Beter im Psalm weiß darum, dass Gott kein Gott des Zornes ist, sondern der Schrecken nur für den Augenblick bestimmt ist. Für den Augenblick, in welchem dem Menschen, der ohne Gott wie Gott sein will, die Wahrheit seines Lebens aufgeht, die Bodenlosigkeit seiner Existenz, die haltlose Überheblichkeit seiner Selbstgewissheit. Dieser Augen-

blick radikaler Selbsterkenntnis zielt auf die Umkehr zum Gott des Lebens. Gott ist im Schrecken als ein Gott der Güte, der den Menschen herausziehen will aus den Todeszonen. Er ist der Gott des Lebens, der den Schrecken entmachtet: „Tod, wo ist dein Sieg? Tod, wo ist dein Stachel?" (1 Kor 15,55)

Er ist im Schrecken als der, der ihn vernichtet: „Gott ist Liebe. [...] Furcht gibt es in der Liebe nicht, sondern die vollkommene Liebe vertreibt die Furcht." (1 Joh 4,16.18)

So zeigt sich mir der Kern aller Gotteserfahrung gleich am Anfang des Psalms: „HERR, mein Gott, ich habe zu dir geschrien, und du heiltest mich. HERR, du hast meine Seele heraufsteigen lassen aus der Totenwelt." (Ps 30,3–4) Immer wieder habe ich diesen Psalm in Krisenzeiten meines Lebens gelesen, betrachtet, gebetet. In Zeiten innerer Trost- und Hoffnungslosigkeit, in Momenten des Zweifels und Ringens, in Augenblicken tiefen Erschreckens vor mir selbst, vor dem Leben, vor Gott. Das ist das Erstaunliche: Die leise einsetzende Verwandlung geschieht im Beten selbst, in der Klage und auch der Anklage, mit der die ganze Wucht des Schreckens vor Gott getragen wird. Sie geschieht „über Nacht": „Wenn man am Abend auch weint, am Morgen herrscht wieder Jubel." (Ps 30,6) In solcher Nacht ist er schon gegenwärtig, und mit dem aufziehenden Morgen ruft er mit durchdringender Stimme, wie der Auferstandene Maria Magdalena vom Ort des Schreckens weggerufen hat, ins Leben. Immer wieder durfte ich das erfahren, wie gerade ganz unten im Schrecken der Angst, in der Klage und Trostlosigkeit mir das Gesicht Jesu entgegenleuchtete, und darin die Güte und Menschenfreundlichkeit Gottes. In diesen leisen Augenblicken wächst aus der Verstörtheit neues Vertrauen in die alles umfassende Güte des Schöpfers und Erlösers: „... doch seine Güte [dauert] ein Leben lang." (Ps 30,6)

Und das Gebet des Psalms beginnt sich mit meinem eigenen Leben zu füllen:

GEBET

Du hast mein Klagen in Tanzen verwandelt, hast mich geheilt und mit Freude umgürtet. Dir singt mein Herz und will nicht verstummen. Dir will ich singen in Ewigkeit.
nach Ps 30,12–13

DR. KARL-HEINZ WIESEMANN
BISCHOF VON SPEYER

Wunderbar geschenkt: Licht und Leben. Mit der Schöpfungshoffnung dem Chaos trotzen!

Bischof Dr. Heiner Wilmer

DIE ERSCHAFFUNG DER WELT

1 Im Anfang erschuf Gott Himmel und Erde. 2 Die Erde war
wüst und wirr und Finsternis lag über der Urflut und Gottes
Geist schwebte über dem Wasser. 3 Gott sprach: Es werde
Licht. Und es wurde Licht. 4 Gott sah, dass das Licht gut war.
Und Gott schied das Licht von der Finsternis. 5 Und Gott
nannte das Licht Tag und die Finsternis nannte er Nacht. Es
wurde Abend und es wurde Morgen: erster Tag. Gen 1,1–5

Chaotische Bedrohungen – heute und am Anfang von allem

Komplex, herausfordernd, belastend, ja chaotisch – so mag uns unser Leben immer wieder mal vorkommen, in dunklen Stunden, in schweren Zeiten. Und in diesen durch Corona geprägten Wochen und Monaten ist diese chaotische Ausnahmesituation gefühlt zum Dauerzustand geworden, zur neuen Normalität. Das kann ermüden und auch krank machen – Körper und Geist sind stark gefordert, manchmal überfordert. Es mag sich die Angst einstellen, dass es nie wieder anders – im Sinne von besser – werden wird.

In derartigen Momenten finde ich Hoffnung, Trost und Ermutigung in den Zeilen der Bibel, die ganz am Anfang stehen. Nach einer kurzen überschriftartigen Eröffnung geht es los, aber zunächst einmal nicht sonderlich erbaulich oder Freude verheißend: „Die Erde war wüst und wirr und Finsternis lag über der Urflut ..." (Gen 1,2)

Wüst und wirr – Tohuwabohu im Hebräischen: Das klingt weder idyllisch noch lädt es zum Verweilen ein. Hier herrscht das Chaos, zunächst einmal. Hier dominiert das Ungeordnete, das Lebensfeindliche. In der Verbindung von Finsternis, Urflut und (Chaos-)Wassern bekommen wir es in diesem Erzähltauftakt mit einer geballten Ladung Contra zu tun. Die erste Schöpfungserzählung setzt nicht mit Tau, Vogelgezwitscher und Morgenrot ein, sondern mit wüstem und wirrem Chaos, mit Finsternis und jeder Menge lebensvernichtendem bzw. -bedrohendem Wasser.

Der hier in kraftvollen Bildern zum Ausdruck gebrachte Urzustand mag befremden, ja abschrecken – aber nicht nur zu Zeiten von Corona verbirgt sich in diesem biblischen Vers viel Wahrheit mit Blick auf die Welt und das Leben. Eine Wahrheit, die manchmal weh tut, die belastet. Auch mein Leben ist nicht einfach idyllisch, harmonisch, lichtvoll. Da gibt es Stunden, Tage, Wochen, die anders sind, als ich es mir wünsche. Die wüst, finster, chaotisch sind bzw. mir so erscheinen. Gerade angesichts der Corona-Pandemie wird mir das immer wieder deutlich vor Augen geführt: in meinem eigenen Leben sowie im Leben von Menschen, denen ich begegne, die ich begleite. Ja, unsere ganze Menschheitsfamilie leidet unter dieser Krankheit und den damit einhergehenden Krisen. Wüst und wirr, finster und chaotisch – das beschreibt die aktuelle Situation ganz gut.

Ein erster Hoffnungsschimmer

Doch darf das Chaos nicht das letzte Wort behalten. Dieser Widerspruch keimt direkt in mir auf. So darf das nicht bleiben! Und so wird es nicht bleiben. Bereits im vom Chaos dominierten Eröffnungsvers scheint ein Hoffnungsschimmer auf – schnell überlesen: „... und Gottes Geist schwebte über dem Wasser“ (Gen 1,2).
Inmitten der chaotischen Urgewalten kommt mir eine Verheißung entgegen: Eine erste explizite Spur Gottes blitzt auf. Schwebend – (noch) nicht in Aktion. Eher sanft, zart und verletzlich – was kann so ein schwebender Geist schon ausrichten gegen die tosenden Chaosfluten, gegen die alles verschlingende Finsternis, gegen das um sich greifende Tohuwabohu?! Und doch ist Gottes Geist da, von allem Anfang an, ein Ruhepol inmitten der chaotischen Urgegebenheiten.

Darin steckt – noch vor dem expliziten Dasein der Welt – eine unüberbietbare Zusage für diese Welt: Zu keinem Zeitpunkt wird die Welt einfach nur sich selbst überlassen sein. Egal, wie finster oder chaotisch eine Situation, ein Zustand scheint – nie ist die Schöpfung allein. Gott ist anwesend – und sei es nur als verheißungsvolle Perspektive.

Chaos weiche; es werde Licht – endlich!

Das Trost Spendende und Ermutigende an diesem biblischen Text kommt im nächsten Vers voll zum Durchbruch: „Gott sprach: Es werde Licht. Und es wurde Licht." (Gen 1,3) Während bislang der göttliche Geist nur schwebend präsent war, quasi in Wartestellung, bringt das göttliche Wort jetzt eine fundamentale Veränderung in Gang. Gott ruft ins Sein, was vorher nicht war – und angesichts der dominierenden Finsternis schmerzlich vermisst wurde: das Licht. Das erste Schöpfungswerk ist so grundlegend, so zentral, dass zu Recht der komplette erste Schöpfungstag dafür reserviert ist: Ohne Licht kein Leben. Das Licht ist gut – und Gott scheidet Licht (Tag) und Finsternis (Nacht) voneinander. Zwei Gedanken sind mir wichtig.

Zum einen: Die göttliche Schöpfungsinitiative beginnt mit dem, ohne das Leben nicht denkbar ist: Das Licht markiert somit das fundamentale Grunddatum der Schöpfung. Das Licht ist gewissermaßen der Protest des Lebens gegen die permanente Dominanz der Finsternis. Das Licht ist der Urschrei der Schöpfung, die gerade geboren wird.

Alles Leben verdankt sich einem anderen. Alles Leben ist geschenkt. Als gläubiger Mensch blicke ich dankbar auf Gott als Urheber dieses Schöpfungswunders. Gerade beim (Tages-)Licht wird mir dies sehr deutlich vor Augen geführt. All unsere künstlichen Lichtquellen können es nicht erset-

zen, bleiben quantitativ und qualitativ dahinter weit zurück. Und das, was die Bibel als „im Anfang“ erzählt, vollzieht sich in der Schöpfung Tag für Tag: Tag für Tag geht die Sonne auf, Tag für Tag erhellt das Licht die Finsternis, Tag für Tag wird die Schöpfung aufs Neue geboren – aus Gott, durch Gott, in Gott. Man kann dabei von der creatio continua, der fortwährend weitergehenden Schöpfungstätigkeit Gottes sprechen; man kann jeden Tag über das wundervolle Geschenk des Lebens staunen und sich dankbar freuen.
Das ist es, was die Schöpfungserzählungen als die Grundüberraschung schlechthin preisen: dass überhaupt irgendetwas ist und existiert und nicht vielmehr nichts oder nur wüst-wirres Chaos. Jeder Sonnenaufgang, jeder Atemzug erinnert mich an dieses Wunder und dieses Geschenk. An dieses „und Gott sprach“. Auch und gerade in schweren und herausfordernden Zeiten ist dies eine zutiefst tröstliche und hoffnungsfroh stimmende Botschaft.

Der Ostermorgen: Es werde Licht – und Leben!

Nicht von ungefähr ist der Ostermorgen in den Erzählungen der Evangelien ein Sonntag. Der erste Tag der Woche lässt zurückdenken an den ersten Schöpfungstag. Und die bildvolle Notiz „als eben die Sonne aufging“ (Mk 16,2) verstärkt dies noch. Die segensreiche Botschaft: Gott will das Leben und Gott schafft das Leben – auch durch den Tod hindurch. Finsternis, Chaos, Tod werden nicht das letzte Wort haben. Auch wenn das Tohuwabohu übermächtig erscheinen mag – Gott ist und bleibt stärker. Das lässt mich hoffnungsvoll in die Zukunft blicken, auch wenn der Augenschein manchmal alles andere als ermutigend ist: Denn das österliche Licht kann jeden Tag hell machen!

Auch wahr: Und täglich droht das Chaos!

Zum anderen: Gottes Schöpfungswerk, wie es in Gen 1 besungen wird, vollzieht sich machtvoll, aber nicht brutal-brachial. Gottes Wort wirkt und schafft – ein Chaoskampf wird nicht erzählt. Gott spricht, scheidet, (be-)nennt, sieht, segnet. Jedoch: Gott vernichtet das Chaos nicht. Gott strukturiert die Erde, gestaltet ein Lebenshaus für alle, schafft einen Kosmos inmitten des Chaos – aber dem Tohuwabohu wird nicht der Garaus gemacht. Ebenso werden die Chaoswasser zwar zurückgedrängt, die bedrohenden Fluten in ihre Schranken gewiesen – aber die Urflut wird nicht trockengelegt. Ebenso verfährt Gott mit Licht und Finsternis: Beide werden voneinander geschieden, jedem wird sein Bereich zugewiesen (Tag / Nacht) – aber die Finsternis wird nicht ein für alle Mal abgeschaltet.

So wie jeder Sonnenaufgang ein Stück Neuschöpfung ist und die bleibende liebevolle Zuwendung Gottes zur Welt widerspiegelt, so ist jeder Einbruch der Nacht gewissermaßen Chaoserinnerung und macht die bleibende Verletzlichkeit, Gebrechlichkeit, ja Bedrohung der Schöpfung sicht- und spürbar.

Genau das erleben wir in dieser Schöpfung immer wieder: Leben ist nicht selbstverständlich einfach so da, sondern Leben ist stets bedroht und gefährdet – gerade auch durch unser menschliches Agieren selbst. Und die Corona-Pandemie bringt es mit einer brutalen, grenzen-überschreitenden Deutlichkeit ins Bewusstsein der gesamten Menschheitsfamilie: Unser aller Leben ist unverdientes Geschenk – stets angewiesen auf Bewahrung vor und Rettung aus dem Chaos. In europäischen Kontexten ist das selten so spürbar wie jetzt in dieser Zeit der Pandemie – andere Menschen in anderen Erdteilen machen da tagtäglich ganz andere Erfahrungen, beispielsweise mit Krankheiten, Hunger, Dürre,

Überschwemmungen, Naturkatastrophen, Krieg und Gewalt.

Geglaubt und erhofft: Gottes Wort hat Bestand!

Im Angesicht von Gen 1 muss ich anerkennen: Immer ist mein Leben in Gefahr – durch das Chaos (beispielhaft verkörpert in Krankheit und Tod). Aber ich darf auch hoffen und glauben: Immer steht mein Leben aber auch unter der segensreichen Zusage und Verheißung Gottes; Chaos und Finsternis werden nicht das letzte Wort haben und schlussendlich nicht siegen, sondern stets strahlt das göttliche Licht des Lebens auf.
Darauf darf ich hoffen, darauf darf ich vertrauen, daran darf ich glauben – und dies schenkt mir auch für dunkle Stunden und schwere Tage eine licht-volle Perspektive.

DR. HEINER WILMER SCJ
BISCHOF VON HILDESHEIM

Verzeichnis der Bibelstellen